FiESE
WiTZE

DIESES BUCH GEHÖRT:

5 4 3 2 1   25 24 23 22 21
ISBN: 978-3-649-63843-8
© 2021 Coppenrath Verlag GmbH & Co. KG, Hafenweg 30,
48155 Münster, Germany
CH: Baumgartner Bücher AG, Centralweg 16, 8910 Affoltern a.A.
Alle Rechte vorbehalten, auch auszugsweise
Illustrationen: Guido Lehmköster
Satz: Alexander Nuißl

www.coppenrath.de

Heide Witzka (Hrsg.)

FIESE WITZE

Mit Bildern von Guido Lehmköster

COPPENRATH

INHALT

DIE BESTEN ZOMBIEWITZE

Der kleine Zombie sieht im Schaufenster des Friseursalons zum ersten Mal in seinem Leben Perücken und staunt: „Schau mal, Mama, hier gibt's Haare ohne Menschen dran!"

 Zwei Zombies gehen am Strand spazieren. „Wie niedlich", ruft der erste, „eine tote Möwe!" „Wo?", fragt der andere und guckt in den Himmel.

Frankenstein braucht neue Ersatzteile und schleicht sich deshalb mitten in der Nacht auf den Friedhof. Als er gerade fleißig gräbt, wird er vom Friedhofswächter überrascht: „Was machen Sie da?"
Frankenstein: „Ich will aus diesem Menschen ein Monster machen."
„Das ist keine Kunst", erwidert der Friedhofswächter, „in diesem Grab liegt meine Schwiegermutter."

Wie nennt man einen Zombie, der in einem Ohr eine Banane und in dem anderen Ohr ein Büschel Klopapier stecken hat?
Du kannst ihn nennen, wie du willst – er hört dich ja doch nicht.

Die Zombies machen eine Party. Einer kommt alleine und viel zu spät. Da fragen die anderen: „Warum hast du denn deine Liebste nicht mitgebracht?"
„Sie ist krank."
„Gefährlich?"
„Nein, richtig gefährlich ist sie eigentlich nur, wenn sie gesund ist."

> **Warum frisst der Zombie rohes Fleisch?**
> **Weil er nicht kochen kann.**

Der Zombie stolpert und knallt mit dem Kopf an einen Felsen.
„Oje", sagt er. „Hoffentlich habe ich keine Gehirnerschütterung."
„Keine Sorge", beruhigt ihn sein Freund, „wo nichts ist, kann auch nichts erschüttert werden."

Ganz aufgeregt kommt der Zombiejunge zu seinem Vater gerannt: „Papa, Papa, gerade eben hat ein Mädchen ein Auge auf mich geworfen!" Der Vater fragt: „Und was hast du gemacht?" Antwort: „Na was wohl. Ich hab es ihr zurückgeworfen!"

Paula fragt ihre Mutter: „Was fressen Zombies eigentlich, Mama?"
Die Mutter antwortet: „Was sie so finden."
„Und wenn sie nichts finden?"
„Dann fressen sie eben etwas anderes."

Sagt der eine Zombie zum anderen: „Trotz des verfaulten Schädels habe ich ein sehr gutes Gedächtnis. Ich kann mir alles merken bis auf drei Dinge: Gesichter, Namen – und das Dritte habe ich gerade vergessen."

„Hast du denn keine Ohren?", schimpft Vater Zombie mit seinem Sohn. „Wie oft habe ich dir schon gesagt, dass du nicht so mit den Armen zappeln sollst!"
Da fragt der kleine Zombie zurück: „Und wie, bitte schön, soll ich mit den Ohren zappeln?"

Bruder Zombie sagt zu Schwester Zombie: „Papa will mir ein Stinktier zum Geburtstag schenken."
Schwester Zombie: „Das sieht ihm ähnlich!"
Bruder Zombie: „Wieso? Hast du es schon gesehen?"

Herr Würfel geht zum Psychiater und sagt: „Ich sehe einen Zombie unter meinem Bett."
Der Psychiater sagt: „Herr Würfel, Sie müssen sich nur immer wieder sagen: ‚Da ist kein Zombie unter meinem Bett.'"
Nach einer Woche kommt Herr Würfel wieder und sagt: „Ich sehe immer noch einen Zombie unter meinem Bett."
Der Psychiater sagt: „Herr Würfel, kein Problem, sagen Sie sich einfach die ganze Zeit: ‚Da ist kein Zombie unter meinem Bett.'"
Herr Würfel bedankt sich, geht nach Hause und kommt nicht wieder. Der Psychiater macht sich Sorgen und klingelt bei Herrn Würfel. Eine fremde Frau macht ihm die Tür auf: „Sie suchen Herrn Würfel? Der lebt nicht mehr – er wurde von einem Zombie umgebracht, der unter seinem Bett gelauert hat."

Mutter Zombie schimpft mit ihrem kleinsten Sohn: „Ach, Zorro, mit dir ist es immer dasselbe. Du läufst langsam, du sprichst langsam und du bist der schlechteste Schüler in der Zombie-Schule. Gibt es überhaupt irgendwas, das bei dir schnell geht?" Da antwortet das Zombie-Kind: „Ja, ich werde schnell müde."

 Warum schleicht der Zombie mit der Bastelschere durch die Gegend?
Weil er seiner Beute den Weg abschneiden will.

„Jetzt reicht es mir aber!", sagt Zombie Ulf zu seinem kleinen Bruder. „Wie oft habe ich dich schon gebeten, mir endlich den Menschenkopf zurückzugeben, den ich dir geliehen habe?"
„Nun mal schön langsam", antwortet Zombie Gnulf. „Wie oft musste ich dich denn bitten, bis du ihn mir überhaupt geliehen hast?"

Zombie Dumpfbacke erzählt seinem besten Kumpel aufgeregt: „Ey, guck mal, dahinten ist schon wieder ein Vulkan ausgebrochen!"
„Und", fragt sein Kumpel zurück, „konnten sie ihn wieder einfangen?"

Mutter Zombie ruft ihre beiden frechen Kinder zu sich und sagt: „Zum Geburtstag wünsche ich mir zwei richtig brave Zombie-Kinder!"
„Oh toll", antworten die beiden, „dann sind wir ja zu viert!"

„Du darfst aber nicht alle leckeren Menschenfinger alleine futtern", mahnt Mama Zombie ihr Jüngstes. „Denk doch mal an die anderen Zombie-Kinder."
Mampfend sagt der kleine Zombie: „Klar denke ich an die – was meinst du, warum ich so schnell esse?"

Der bekannte Bildhauer meißelt einen täuschend echt aussehenden Zombie aus einem Marmorblock.
„Oh, ist das nicht sehr schwer?", fragt Frau Knüttelrütt.
„Nein, gar nicht", antwortet der Bildhauer. „Sie stellen sich einfach vor den Marmorblock und meißeln alles weg, was nicht zum Zombie gehört."

Wie bekommt man einen Zombie in den Sarg?
Deckel auf, Zombie rein, Deckel zu.

13

Einem Zombie im Restaurant schmeckt das Essen überhaupt nicht.
Er bittet den Kellner: „Holen Sie mir den Koch!"
Antwortet der Kellner: „Das mache ich gerne, aber ich bezweifle, dass der Koch Ihnen besser schmecken wird!"

Unterhalten sich zwei Zombies: „Du könntest dein schmieriges Gesicht auch mal waschen! Ich kann ja sehen, was du gestern gegessen hast!"
„Was denn?"
„Menschen!"
„Falsch! Das war vorgestern."

Ein Zombie trifft einen Jungen im dunklen Wald.
Sagt der Junge: „Ganz schön unheimlich hier im Dunkeln!"
Sagt der Zombie: „Was soll ich denn sagen? Wenn ich dich gleich gefressen habe, bin ich hier ganz alleine!"

Ein Zombie stochert lieblos in seiner Erbsensuppe herum. Da kommt ein Mann und fragt ihn, ob er die Suppe bekommen könne, wenn er sie nicht essen wolle. Der Zombie stellt ihm den Teller hin und der andere isst die Suppe. Beim letzten Löffel sieht er auf einmal eine behaarte Spinne im Teller sitzen und muss sich übergeben. Da sagt der Zombie zu ihm: „Sehen Sie, so weit war ich auch schon."

Ein Zombie kommt nach Hause und stößt sein Aquarium um. Ein auf dem Boden liegender Fisch schnappt mehrmals nach Luft, daraufhin nimmt der Zombie ihn wutentbrannt hoch und schreit: „Was?? Du schnappst nach deinem Herrchen!?"

Fragt ein Zombie den anderen: „Siehst du die Glastür da vorne?"
„Ja, wieso?"
„Ich hab sie nicht gesehen …"

Anna und ihr Vater besuchen ein Gruselschloss. Als es dämmert, wird es Anna etwas unheimlich und sie stupst ihren Vater an: „Du, Papa, mal angenommen, dich holt so ein blöder Geist, mit welchem Bus muss ich dann eigentlich nach Hause fahren?"

Sagt ein Zombie zum anderen: „Du, ich werde von meinem eigenen Schnarchen wach."
Sagt der andere: „Dann leg dich doch in ein anderes Zimmer!"

Wie nennt ein Zombie einen Fahrradfahrer?
Essen auf Rädern.

Warum schleicht der Zombie immer so leise am Medikamentenschrank vorbei?
Er hat Angst, die Schlaftabletten aufzuwecken.

Wie kann man einen Zombie ewig beschäftigen?
Man schreibt auf beide Seiten eines Zettels
„Bitte umdrehen!" und drückt ihn dem Zombie
in die Hand.

Ein Zombie beobachtet, wie sich ein Bein und ein Auge heftig streiten.
„Ich gehe jetzt!", ruft das Auge beleidigt.
Antwortet das Bein: „Das will ich sehen!"

„Was passiert, wenn sich ein Zombie an einen
Baum lehnt?"
„Der Baum fällt um."
„Warum?"
„Der Klügere gibt nach."

Wie treibt man einen Zombie in den Wahnsinn?
Man sperrt ihn in ein rundes Zimmer ein und
sagt: „In der Ecke liegt was zu fressen."

Ein Zombie wird von einem Verkehrspolizisten
angehalten:
„Ihren Führerschein bitte!"
„Hab ich nicht, was ist das?"
„Das ist so ein kleines Teil mit einem Bild von Ihnen."
„Ach so, das Ding", murmelt der Zombie und
durchwühlt seine Tasche. Dann gibt er dem Polizisten
einen kleinen Schminkspiegel.
Der Polizist schaut hinein und sagt: „Entschuldigung,
wenn ich gewusst hätte, dass wir Kollegen sind, hätte
ich Sie nicht angehalten!"

IGITT!
KLOWITZE

Treffen sich zwei Unterhosen in der Waschmaschine.
Sagt die eine zur anderen: „Du bist ja so schön braun,
warst du im Urlaub?"

An der Ampel hält ein Mann neben einer Frau.
Elegant kurbelt er das Fenster runter.
Die Frau kurbelt ebenfalls das Fenster runter und
lächelt ihn an.
Der Mann lächelt zurück und sagt: „Na, haben Sie
auch gefurzt?"

Warum riechen Saurierpupse so stark?
Damit Schwerhörige auch was davon haben!

„Mami, Mami, ich bin fertig mit Zähneputzen!"
„Gut, dann leg die Klobürste weg."

Auf der Weide wird eine Ameise von einem
Pferdeapfel begraben. Als sie sich endlich wieder
herausgewühlt hat, ruft sie wütend zu dem Pferd
hoch: „So eine Frechheit! Und auch noch mitten ins
Auge!"

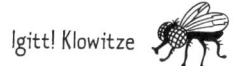

Kacke auf den Autoreifen
gibt beim Bremsen braune Streifen.

Ein Adler stürzt vom Himmel und verschlingt
eine Feldmaus am Stück. Die krabbelt durch den
ganzen Adlerdarm hindurch, bis sie aus dem
Hinterteil des Adlers wieder herausschaut.
„Adler, wie hoch fliegen wir?", ruft sie.
„Etwa 500 Meter über der Erde", antwortet der
Adler.
„So hoch?", fragt die kleine Maus entsetzt.
„Mensch, Adler, mach bloß keinen Scheiß …"

Was wächst in der Erde und stinkt?
Eine Furzel!

Kommt eine ältere Dame zum Arzt und sagt:
„Herr Doktor, ich leide seit Tagen schon unter
starken Blähungen. Seit ich hier bei Ihnen im
Zimmer bin, ist es mir bestimmt schon 20-mal
passiert! Das Gute daran ist allerdings, dass man
die Pupse nicht hören und nicht riechen kann."
Der Arzt verschreibt der alten Dame ein paar
Pillen. Eine Woche später kommt sie wieder in die
Praxis und sagt: „Herr Doktor, was haben Sie mir
denn da für Pillen gegeben, meine Pupse stinken
jetzt wie die Pest!"
Darauf der Doktor: „Gut, Ihre Nase funktioniert
wieder, jetzt brauchen wir nur noch was für Ihre
Ohren!"

„Herr Doktor, ich habe jeden Morgen um 7 Uhr
Stuhlgang!"
„Ja, aber das ist doch gut!"
„Aber ich steh doch erst um halb 8 auf!"

„Mein Hintern ist eingeschlafen."
„Ich weiß. Ich hab ihn schnarchen hören."

Jonas ist bei den Eltern seiner Freundin zum Essen
eingeladen. Es gibt Bohneneintopf. Nach dem
zweiten Teller bekommt Jonas plötzlich Blähungen. Er
pupst leise.
Die Mutter ruft laut: „Hasso!"
Jonas ist erleichtert – sie glaubt also, dass der Hund
unter dem Tisch schuld ist. Jonas lässt deshalb gleich
noch einen fahren, diesmal etwas lauter.
Wieder ruft die Mutter: „Hasso!"
Jetzt lässt Jonas völlig entspannt einen ab.
Die Mutter ruft total entsetzt: „Hasso! Komm endlich
unter dem Tisch vor – sonst kackt dir dieser Typ noch
auf den Kopf."

Fritzchen sitzt auf der Toilette.
Da ertönt eine geheimnisvolle Stimme: „Ich bin
über dir und brauche Blut von dir."
Fritzchen antwortet: „Ich bin unter dir und
brauche Klopapier!"

An einer Bushaltestelle steht ein Fußballspieler und
wartet auf den nächsten Bus. Um sich seine Zeit zu
vertreiben, übt er Dribbelschritte.
Eine ältere Frau kommt auf ihn zu, fasst ihn bei der
Hand und sagt: „Junger Mann, bleiben Sie ganz
ruhig, ich zeige Ihnen, wo die nächste Toilette ist."

Was passiert, wenn eine Nähnadel ins Klo fällt?
Sie bekommt Wasser ins Öhr.

Aus Speis und Trank
wird
Scheiß und Gestank.

Piss nicht daneben, du altes Schwein,
der Nächste könnte barfuß sein!

Eines Nachts im alten schottischen Schloss. Ein Gast,
der durch die Korridore irrt, trifft auf ein Gespenst,
welches ihm traurig berichtet: „Ich bin schon seit
über vierhundert Jahren hier."
Der Gast entgegnet: „Ah, das trifft sich gut, dann
wissen Sie doch sicher, wo hier die Toiletten sind!"

Wie nennt man einen intelligenten
Toilettenbenutzer?
Klugscheißer!

Kacke in der Badehose
gibt im Schwimmbad braune Soße.

Das Leben ist wie eine Toilettenbrille:
Man macht viel durch,
aber es geht auch so manches daneben.

Eine Bitte an alle Klobenutzer:
Ein Blick zurück,
ein Griff zum Besen,
der Nächste möchte keine Spuren lesen!

Warum nimmt Frau Knallkopp immer trockene
Brötchen mit aufs Klo?
Sie will die WC-Ente füttern.

Was ist grün und sitzt auf dem Klo?
Ein Kacktus!

Der Bundespräsident ist zum Staatsbesuch in London.
Er trifft die Queen und sie fahren mit einer Kutsche
durch die britische Hauptstadt. Plötzlich hebt eines
der Pferde den Schweif und furzt. Es beginnt tierisch
zu stinken.
Der Queen ist das ziemlich peinlich, weshalb sie sagt:
„Oh, I'm so sorry, Mr. President!"
Antwortet dieser: „Ach, das macht doch nichts,
Eure Hoheit. Ich habe erst gedacht, es sei das Pferd
gewesen!"

Was ist rot, rund und sitzt auf dem Klo?
Ein Klomate!

Was sagt ein Kletterer, wenn er aufs Klo muss?
„Ich gehe kurz einen abseilen!"

Ich wollte kürzlich ein Klo anrufen, doch es war
besetzt!

Wie schwer darf ein Furz sein?
0 Gramm. Sonst ist es Kacke.

Siehst du die Reste deiner Würste,
sei so nett
und nimm die Bürste!

Alle,
die das Klo im Stehen nutzen,
dürfen es danach
auch selber putzen!

Am Befehlston,
knapp und kurz,
erkennt man den
Soldatenfurz!

27

Max und Florian treffen sich wie üblich am Dienstagabend.

Prahlt Max: „Ich war am Wochenende auf einer Party. Die war klasse! Die Gastgeber hatten sogar ein goldenes Klo!"

Daraufhin Florian: „Du spinnst ja, ein goldenes gibt es doch gar nicht ..."

Nach einigem Hin und Her kommen beide auf die Idee, zu den Leuten, die die Party gegeben haben, zu gehen und nachzusehen, ob das mit dem goldenen Klo auch tatsächlich stimmt. Sie marschieren los und einige Minuten später klingelt Max an der Tür.

Eine etwas ältere Frau öffnet und blickt die beiden fragend an.

Max begrüßt die Frau und sagt: „Ich war hier am Wochenende bei Ihnen auf einer Party. Mein Freund Florian will mir nicht glauben, dass Sie im Haus ein goldenes Klo haben!"

Die Frau guckt die beiden an, dreht sich um und ruft ganz laut: „Hermann, hier ist das Schwein, das in deine Posaune gekackt hat!"

Wie nennt man ein Klo für Egoisten?
iPod!

Kacke im Kanonenrohr
kommt zum Glück nur selten vor.

Zwei Fliegen treffen sich auf einem Kuhfladen.
„Ich kenne einen superguten Witz!", sagt die
eine.
„Aber bitte nichts Ekliges", antwortet die
andere, „wir essen doch gerade!"

„Du siehst so glücklich aus. Bist du verliebt?"
„Nein. Ich war kacken."

Der Rülpser
ist ein Magenwind,
der nicht den Weg
zum Poloch find'.

Manche Dinge lernt man erst zu schätzen,
wenn sie nicht mehr da sind.
Klopapier zum Beispiel.

Sauber machen
ist nicht schwer
und vor allen Dingen fair!

29

Zwei Kackhaufen rauchen eine Zigarette.
Kommt ein Dünnschiss vorbei und fragt: „Darf
ich auch mal ziehen?"
Darauf ein Kackhaufen: „Nein. Das ist nur was für
harte Jungs!"

Kacke in den Einkaufstaschen
hält die Kinder ab vom Naschen.

Warum kackt Herr Knallkopp immer auf seinen
Laptop?
Weil auf dem Bildschirm steht: „Bitte Code
eingeben."

„Hast du etwa gepupst?", fragt Fritzchen seine neue
Freundin.
„Klar. Oder denkst du, ich rieche immer so?"

Kacke auf der Kirchturmspitze
fällt dem Pfarrer auf die Mütze.

Kacke in der Lampenschale
gibt gedämpftes Licht im Saale.

Ein Gärtner fragt Janosch, ob er ein paar
Pferdeäpfel seines Ponys mit nach Hause nehmen
kann.
„Klar", sagt Janosch, „aber was wollen Sie denn
damit?"
„Die tue ich zu Hause auf die Erdbeeren."
„Aha. Wir streuen immer Zucker drauf ..."

Für dieses stille Örtchen
nur ein kleines Wörtchen:
Verlasse diesen Platz
so sauber wie die Katz,
damit ihn auch der Hintermann
genau wie du benutzen kann.

Verehrte Herren und Damen,
kacken Sie nicht auf den Rahmen,
sondern in die Mitte,
das ist bei uns so Sitte!

Um das Klo nicht zu bespritzen,
dürfen hier auch Männer sitzen.

Kacke, durch ein Sieb geschossen,
gibt sehr viele Sommersprossen.

 Was ist schwarz und weiß und summt verliebt
um das Plumpsklo herum?
Eine Fliege im Hochzeitskleid.

Ein Kackhaufen und ein Pferdeapfel sitzen auf dem
Bürgersteig und spielen Mau-Mau. Kommt ein
Hasenköttel vorbei und fragt: „Darf ich mitspielen?"
Ruft der Kackhaufen: „Nein! Oder hast du schon mal
einen Hasenköttel Mau-Mau spielen sehen?"

Was ist durchsichtig und riecht nach Möhren?
Ein Hasenpups.

Kacke auf dem Kuschelkissen
lässt Gemütlichkeit vermissen.

Anna fragt ihre Freundin: „Siehst du die Glastür
da vorne, wo es zu den Toiletten geht?"
Sie antwortet: „Ja. Wieso?"
„Ich hab sie nicht gesehen!"

Es saßen zwei Gestalten
auf einem Balken
und sie schrien nach Klopapier.
Und dann kam der Dritte,
setzt' sich in die Mitte
und sie schrien nach Klopapier.
Und dann kam der Vierte,
dass die Fliegen schwirrten,
und sie schrien nach Klopapier.
Und dann kam der Fünfte,
der die Nase rümpfte,
und sie schrien nach Klopapier.
Und dann kam der Sechste,
dass der Balken ächzte,
und sie schrien nach Klopapier.
Und dann kam der Siebte,
dass der Balken wippte,
und sie schrien nach Klopapier.
Und dann kam der Achte,
dass der Balken krachte,
und sie schrien nach Klopapier.
Und dann kam der Neunte,
dass die Kacke schäumte,
und sie schrien nach Klopapier.
Und dann kam der Zehnte,
brachte das ersehnte
Klopapier.

Ein Mann setzt sich in einem Restaurant
nieder und fragt den Ober: „Was soll denn die
Toilettenpapierrolle neben dem Besteck?"
Der Ober antwortet: „Für die einen ist es
Toilettenpapier, für die anderen die längste
Serviette der Welt!"

Wie kommt eine Ratte aus dem Klo?
Nass.

Kacke am Verkäuferkittel
ist kein gutes Werbemittel.

Die Mutter bringt ihre Zwillinge Tim und Tom ins
Bett.
„Warum grinst du denn so, Tom?", fragt sie irritiert.
„Haha, du hast Tim zweimal den Po abgeputzt und
mir gar nicht …"

Wann sagt ein Kanadier „Ich muss mal"?
Wenn er Deutsch spricht.

Was schwimmt im Abwasserkanal und beginnt mit Z?
Zwei Ratten.

> Kacke in der Wasserleitung
> stört die Essenszubereitung.

Wenn der Knecht zum Waldrand hetzt,
war das Plumpsklo schon besetzt.

> Salomo der Weise spricht:
> „Laute Fürze stinken nicht.
> Aber die so leise zischen
> und so still dem Po entwischen,
> Mensch, vor denen hüte dich,
> denn sie stinken fürchterlich!"

Nicht alles, was stinkt,
ist Chemie.

> Nicht alles, was zwei Backen hat,
> ist ein Gesicht.

Was ist rot und liegt in der Wüste?
Eine Klobürste mit Sonnenbrand.

Was ist schwarz und liegt in der Wüste?
Der Schatten der Klobürste.

Ein berühmter Kapitän segelt auf dem Ozean. Da
kommt ein großes Piratenschiff und der Kapitän
ruft: „Schnell, bringt mir mein rotes Hemd!"
Ein Matrose bringt ihm das rote Hemd und
der Kapitän stürzt sich in den Kampf mit den
Piraten. Nach der Schlacht fragt der Matrose:
„Du, Käpt'n, warum ziehst du vor dem Kampf
immer dein rotes Hemd an?"
„Damit man das Blut nicht so sieht."
Am nächsten Tag kommt das größte
Piratenschiff der Welt angesegelt und der
Matrose fragt den Kapitän: „Käpt'n, Käpt'n, soll
ich dein rotes Hemd holen?"
„Nein, hol mir die braune Hose, aber schnell!"

Kacke in der Manteltasche
ist die neueste Modemasche.

Und hängt der Tropfen noch so lose,
der letzte geht doch in die Hose.

Kacke auf der ISO-Rolle
riecht beim Zelten nicht so dolle.

Hast du im Leben nichts zu lachen,
dann lass es auf dem Lokus krachen.

Liebe Köchin,
lieber Koch,
hier fällt eure Kunst
ins Loch!

Ach, wie gut,
dass niemand weiß,
dass ich dichte
und nicht sch...

37

Je tiefer das Loch, desto plumps!

Welchem Vogel ist häufig kotzübel?
Dem Reiher.

Der Lehrer fragt Emma: „Was weißt du über Pferde?"
„Die sind lustig. Manchmal veräppeln sie die ganze
Straße!"

Kacke an der Fahnenstange
blättert ab und hält nicht lange.

Treffen sich zwei Klempner.
„Gestern habe ich sechzig Meter Rohre verlegt",
stöhnt der eine.
„Mach dir nichts draus", sagt der andere tröstend,
„die finden wir schon wieder!"

Was ist grün, gefährlich und hat immer eine
Klobürste dabei?
Das Klokodil.

Wie viele Häufchen passen in ein leeres Katzenklo?
Eins. Danach ist das Klo nicht mehr leer.

Was ist das: Morgens putzt man sich damit den
Hintern ab, mittags isst man davon und abends
legt man sich hinein?
Klopapier, ein Teller und ein Bett.

Kacke auf dem Autodach
ist besser als im Handschuhfach.

Kacke auf dem Tellerrand
wird als Senf nicht anerkannt.

39

Kacke unterm Schuhabsatz
verschafft dir in der U-Bahn Platz.

„Na, wie war dein Urlaub?"
„Frag nicht! Ich hatte Zimmer 100 und vom Türschild
war die 1 abgefallen …"

Wenn Pipi in der Suppe schwimmt,
dann ist der Gast zu Recht verstimmt.

In der Warteschlange vor der Toilette steht ein Junge
mit Rotznase und schnieft.
„Hast du kein Taschentuch?", fragt ein älterer Herr.
„Doch, aber ich verleihe es nicht!"

Kacke auf dem Sofakissen
wird man wohl entfernen müssen.

Warum ist in Toiletten Wasser?
Damit es nicht so staubt, wenn eine Kackwurst
hineinfällt.

Was ist, wenn ein Kackhaufen in den Schnee fällt?
Winter.

Auf dem Klo,
da hockt ein Floh.
Wie's weitergeht,
steht anderswo.

Der neueste Trend in Deppendorf: Klopapier
beidseitig verwenden. Der Erfolg liegt auf der
Hand ...

Vor der Klotür steht eine lange Schlange. Alle müssen
dringend und trippeln nervös von einem Bein aufs
andere.
Irgendwann sagt der Zweite in der Schlange zu dem,
der ganz vorne vor der Klotür steht: „Das dauert ja
ewig. Was ist denn da los?"
Sagt der andere: „Keine Ahnung. Ich warte auch
schon seit vierzig Minuten darauf, dass dieses
Männchen auf der Tür endlich grün wird ..."

Kacke auf der Fensterscheibe
gibt den Fliegen eine Bleibe.

Schimpft die Taubenmutter mit ihrem
Küken: „Schon wieder hast du das ganze Nest
vollgekackt. Wann wirst du denn endlich lernen,
aufs Denkmal zu gehen?"

Frau Knallkopf fragt Herrn Dumpfbacke: „Stimmt es,
dass Ihre Toilette ständig überläuft und Ihre ganze
Wohnung feucht ist?"
„Allerdings. Heute morgen habe ich sogar einen Fisch
in der Mausefalle gefunden."

Trifft ein Hase einen anderen Hasen, der
bitterlich weint. Er fragt: „Warum weinst du
denn?"
„Der Bär hat mich gefragt, ob ich fussele. Ich
habe Nein gesagt. Da hat er mich als Klopapier
benutzt."
Am nächsten Tag treffen sich die Hasen wieder
und diesmal lacht der, der gestern geweint hat.
„Warum lachst du denn?", will der andere Hase
wissen.
„Heute hat der Bär den Igel gefragt!"

Frage an den Klempner: Was haben Zangen und
Feiglinge gemeinsam?
Sie kneifen.

Was befindet sich zwischen Waschbecken und
Toilette?
UND.

Kacke in der Fensterritze
schützt vor Kälte und vor Hitze.

Nichts macht Menschen wahnsinniger als
Blickkontakt in einer öffentlichen Toilette.
Besonders, wenn man unter der Kabinentür
durchsieht.

Sagt Frau Hackenzapp zu Frau Meisenklein: „Und Ihre
Tochter geht schon aufs Töpfchen? Toll! Wie haben
Sie das denn hingekriegt?"
Antwortet Frau Hackenzapp: „Wir haben eine
Vereinbarung: Immer wenn Pipi ins Töpfchen geht,
gibt es einen Sticker. Ich will ja nicht angeben, aber
mein Album ist schon fast voll ..."

Auch ein Hippie muss mal Pipi!

Eine Oma steigt im Kaufhaus im Erdgeschoss in den Aufzug.

Im ersten Stock steigt eine stark geschminkte Frau ein und zieht eine mächtige Parfümwolke hinter sich her. Sie schaut herablassend auf die Oma und meint: „Chanel Nummer 5. 50 Milliliter kosten 100 Euro!"

Im zweiten Stock steigt eine richtig aufgedonnerte Frau ein, zieht eine noch größere Parfümwolke hinter sich her und sagt schnippisch:

„Goldwasser von Dior. 50 Milliliter kosten 250 Euro!"

Im vierten Stock will die Oma aussteigen, sie lässt vorher noch einen fahren und sagt ganz cool beim Aussteigen: „Rosenkohl von Aldi. 200 Gramm kosten 75 Cent!"

Was ist klein, grün, dreieckig und liegt im Gästeklo?
Ein kleines grünes Dreieck.

Kacke auf der Ofenbank
sorgt bei Wärme für Gestank.

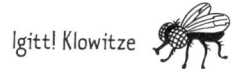

Weißt du, wie lange Kanalratten leben?
Wahrscheinlich genauso wie kurze.

**Was trägt immer eine Brille und kann dennoch
nichts sehen?
Die Kloschüssel.**

Zwei Fliegen sitzen auf einer Hunde-Kackwurst. Da
muss die eine pupsen.
„Also bitte", empört sich die andere, „ich esse doch
gerade!"

**Welches Tier musst du unbedingt vor dem
Klobesuch loswerden?
Das Gürteltier.**

Sagt Dieter zu Horst: „Du, ich hab mir gestern eine
Klobürste gekauft."
„Und", fragt Horst, „bist du zufrieden?"
„Nicht so richtig", meint Dieter. „Ich komm mit dem
Klopapier irgendwie besser klar …"

Gespräch auf dem Klo:
„Ist das Ihr Sohn, der gerade der Putzfrau das
Kleingeld vom Teller klaut?"
„Nein, meiner versenkt gerade Ihre Handtasche in
der Toilette …"

Auf dem Klo,
da sitzt ein Specht,
das Klo stinkt sehr,
dem Specht ist schlecht.

Was haben eine Klopapierrolle und ein Frosch
gemeinsam?
Beide sind grün, außer der Klopapierrolle.

„Warum ziehen Sie denn eine abgewickelte
Klopapierrolle hinter sich her?"
„Ich habe es schon mit Schieben versucht, aber
das funktioniert auch nicht besser."

Warum kann Fritzchen höher springen als ein
Klohäuschen?
Weil ein Klohäuschen nicht springen kann.

Zwei Tauben beobachten, wie ein Flugzeug mit
langem Kondensstreifen über den Himmel zischt.
„Mann, der hat es aber eilig", sagt die eine, „der
muss bestimmt aufs Klo!"
Sagt die andere: „Was würdest du denn machen,
wenn dein Hintern brennt?"

Warum nehmen die Leute aus Deppendorf immer
Ketchup mit aufs Klo?
Damit die Wurst besser schmeckt.

Was ist blau und liegt im Wald?
Schlumpfkacke.

Wer Pech hat,
hat schon vor dem Schulabschluss Durchfall.

„Entschuldigung, haben Sie vielleicht eine Brille,
die zu meinem Gesicht passt?"
„Ja, hinten auf der Toilette ..."

„Papa, Papa, ich will endlich mal ein Abenteuer
erleben!"
„Dann geh gleich mal nach mir auf die Toilette."

Bauer Knallkopp kauft sich einen Bauernhof und nennt ihn Arsch. Er kauft auch einen Traktor, den nennt er Klopapier. Zuletzt kauft er ein Schwein, das nennt er Loch. Am nächsten Tag läuft das Schwein weg. Er geht zur Polizei und sagt: „Ich bin mit dem Klopapier den ganzen Arsch abgefahren, habe aber das Loch nicht gefunden."

Was ist ein Fur?
Druckfehler, sollte Furz heißen.

Rotkäppchen geht durch den Wald und sieht den Wolf im Gebüsch sitzen.
Er stöhnt und Rotkäppchen fragt: „Wolf, Wolf, warum hast du so große Augen?"
Da regt sich der Wolf auf: „Meine Güte, nicht mal in Ruhe kacken kann man hier ..."

Was ist der Unterschied zwischen einem Auto und einer Rolle Klopapier?
Das Auto kann man auch gebraucht kaufen.

Was ist ein eisenhaltiges Abführmittel?
Handschellen.

Die Toilettensitzung ist versaut,
wenn einer dir die Rolle klaut.

Geht ein Mann zur Börse und fragt: „Wo sind
denn hier die Toiletten?"
Antwortet der Börsenmitarbeiter: „Gibt es nicht,
hier bescheißt jeder jeden!"

Was ist das Wichtigste an der Knackwurst?
Das N.

Warum haben die Leute aus Deppendorf so oft
etwas Braunes an der Stirn kleben?
Weil sie sich oft, nachdem sie auf der Toilette
waren, an die Stirn fassen und sagen: „Mist,
schon wieder das Klopapier vergessen ..."

Gute Frage: Warum sind die Toiletten auf Tankstellen eigentlich immer abgeschlossen? Haben die Angst, dass einer heimlich sauber macht?

Im Badezimmer jammert die Zahnbürste: „Igitt, ich glaube, ich habe den ekelhaftesten Job der Welt ..."
Da entgegnet die Klobürste bissig: „Du Arme, mir kommen gleich die Tränen ..."

Ein Betrunkener betritt den Beichtstuhl. Als der Pfarrer den Vorhang beiseiteschiebt und durch das Gitter schaut, sagt der Betrunkene: „Brauchst gar nicht zu fragen, hier ist auch kein Toilettenpapier."

Wie fängt man einen Bewohner von Deppendorf am besten?
Beim Wassertrinken. Man schlägt einfach feste den Klodeckel zu.

Was macht ein Mathematiker auf dem Klo?
ϖ ϖ.

Ein Menschenfresser kommt eines Morgens
völlig geknickt zu seinem Medizinmann und
stöhnt: „Es ist fürchterlich, aber ich leide unter
ständiger Darmträgheit!"
Antwortet der Medizinmann: „Das ist nicht
weiter verwunderlich. Du solltest nicht so viele
Beamte futtern!"

Donner auf dem Schülerklo
macht den Lehrer gar nicht froh!

„Wann kommt der nächste Zug, Herr
Stationsvorsteher?"
„Das kommt darauf an, wohin Sie wollen."
„Auf die Toilette!"

Wenn's vorne brennt
und hinten beißt,
nimm Klosterfrau-Melissengeist!

Drei Schüler auf der Toilette.
Nach dem Urinieren tritt der erste ans Waschbecken,
wäscht sich flüchtig die Hände und trocknet sie
grob an der Hose ab und sagt: „Wir aus der 4a sind
schnell!"
Nun geht der zweite zum Waschbecken, wäscht seine
Hände mit Seife und trocknet sie ordentlich an den
Papiertüchern ab. Er sagt: „Wir aus der 4b sind nicht
nur schnell, sondern auch gründlich!"
Nun ist der dritte fertig und die anderen beiden
machen ihm Platz. Der der geht zielstrebig am
Waschbecken vorbei und grinst: „Wir aus der 4c
pinkeln uns gar nicht erst in die Hände!"

Warum fliegt Herr Knallkopp zum Pinkeln immer
nach Indien?
Weil jeder ihm sagt, die Toiletten seien am Ende
des Ganges.

Stehst du in der Schüssel mit den Socken,
bleiben wohl kaum die Füße trocken!

Ein übergroßer Blasendrang
ist hinderlich beim Staatsempfang.

Gäste werden auf dem Klo nicht alt,
lässt man es dunkel
und auch kalt.

Wer im Glashaus sitzt,
sollte im Keller pinkeln.

Der Lehrer erklärt: „Eigenlob stinkt."
Meldet sich Sina: „Neben mir hat sich gerade jemand
selbst gelobt ..."

„Mir ist so schlecht", stöhnt der Tiger.
„Was ist denn mit dir los?", fragt seine Frau.
„Der Trampolinspringer, den ich heute zum
Frühstück hatte, kommt mir immer wieder
hoch ..."

Was ist das Wichtigste bei Schweißausbruch?
Das W.

In der Pause trippelt Maja hektisch von einem Bein aufs andere.
„Was ist denn mit dir los?", fragt ihre Freundin verwundert.
„Ich muss total dringend Pipi ..."
„Dann geh doch eben aufs Klo!"
„Spinnst du? Doch nicht jetzt in der Pause ..."

Der zerstreute Lehrer ruft: „Max, komm bitte an die Tafel!"
Ruft Lukas: „Max ist doch gerade auf der Toilette!"
„Sei still! Das kann Max mir ruhig selber sagen!"

Fünf Jahre alt ist der kleine Sohn von Knüttelrütts schon, doch noch nie hat er ein einziges Wort gesprochen. Seine Eltern sind verzweifelt.
Eines Tages ruft er vom Klo: „Das Klopapier ist alle!"
Die Eltern weinen vor Freude und fragen: „Wieso kannst du denn plötzlich reden?"
Sagt der Junge: „Bisher war ja auch immer genügend Klopapier da ..."

Warst du schon mal auf Londons berühmtestem Klo?
Nein? Dann müsstest du eigentlich meine Schwester kennen, die war nämlich auch noch nie dort.

Kommt ein amerikanischer Ureinwohner zum Sheriff und sagt: „Ich möchte gern meinen Namen ändern lassen!"
„Okay! Wie heißt du?"
„Rauschender-Darmwind-der-stinkend-durch-die-Gegend-weht!"
„Und wie möchtest du in Zukunft heißen?"
„Pups."

„Und welche Windeln kauft ihr immer für euer Baby?"
„Gar keine. Es bekommt Trockenmilch und wir stauben es immer nur kurz ab."

Little Jim stürzt in den Saloon und brüllt: „Wer hat mein Pferd grün angestrichen, während ich auf dem Klo war?"
Killer-Joe dreht ganz langsam seinen muskelbepackten Körper um und sagt mit tiefer Stimme: „Ich!"
Darauf Little Jim kleinlaut: „Alles klar. Ich wollte ja nur sagen, dass die Farbe trocken ist. Ich gehe mir noch eben die Hände waschen, und wenn du willst, kannst du jetzt lackieren ..."

DIE DÜMMSTEN
FLACHWITZE

Warum gehen Skelette so oft in Gruselfilme?
Weil sie hoffen, endlich mal eine Gänsehaut zu
kriegen!

Was für ein Haustier hat Graf Dracula?
Einen Bluthund.

„Mami, Mami, gibt's eigentlich Werwölfe?"
„Unsinn, und jetzt geh und kämm dein Fell!"

Warum können Skelette nicht Fahrrad fahren?
Weil sie kein Sitzfleisch mehr haben.

Ein Skelett sitzt in einem Restaurant. Als der
Kellner zu seinem Tisch kommt, sagt er ganz
bestürzt: „Oje, mussten Sie so lange warten?"

Warum würgt der Zombie im Frühjahr den
Pflaumenbaum?
Er möchte auch blaue Pflaumen ernten.

Was haben Wolken und ein Rudel Werwölfe
gemeinsam?
Wir sind froh, wenn sie vorbeiziehen.

Warum fing der Archaeopteryx den Wurm?
Weil er der frühe Vogel war.

Wie fängst du am besten einen Pflanzenfresser?
Du hängst dich an einen Baum und machst das
Geräusch eines saftigen Blattes nach.

Welches Auto fahren Monster?
Einen Monstertruck!

Was kommt heraus, wenn ein Triceratops und ein
Känguru ein Baby bekommen?
Ein Tricera-hops!

Was glänzt in der Sonne und fliegt durch die Luft?
Ein Geier mit Goldzahn.

Was hat Stacheln am Schwanz, Rückenplatten und
16 Räder?
Ein Stegosaurus auf Inlineskates.

Woran merkst du, dass sich ein Riese unter
deinem Bett versteckt hat?
Du stößt mit der Nasenspitze an die
Zimmerdecke.

Was schwimmt im Meer und wiehert?
Ein Hai, der eine Fremdsprache beherrscht.

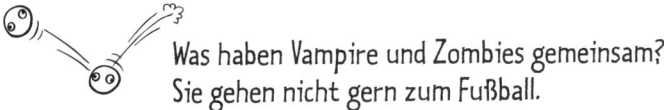

Was haben Vampire und Zombies gemeinsam?
Sie gehen nicht gern zum Fußball.

Wie heißt ein Dino, der zaubern kann und auf einem
Besen reitet?
Tyrannosaurus Hex.

Sagt ein Yeti zum anderen: „Du, ich habe gestern
Reinhold Messner gesehen!"
Sagt der andere: „Was? Den gibt's wirklich?"

Was ergibt eine Kreuzung zwischen einer Motte und
einem Werwolf?
Verdammt große Löcher in der Kleidung.

> Welcher Dino färbt sich bei Regen rotbraun?
> Der Stegosau-Rost.

Was sagt ein Hai, nachdem er einen Clown gefressen
hat?
„Schmeckt irgendwie komisch ..."

> Wie lang sollten die Beine eines Werwolfs sein?
> Mindestens bis zum Boden!

Warum können Vampire keine guten Polizisten sein?
Blau steht ihnen nicht.

> Sei nicht sauer, dass Gott den Kampfhund
> erschaffen hat. Danke ihm lieber, dass er ihm
> keine Flügel gegeben hat.

Was passiert, wenn ein Stinktier im Teich badet?
Es wird nass.

Was ist eine Brillenschlange ohne Brille?
Eine Blindschleiche.

Ein Monster geht um die Ecke. Was fehlt?
Der Witz.

Was ist schlimmer als ein angebissener Apfel mit
Wurm?
Ein angebissener Apfel mit einem halben Wurm.

Warum hat der Wolf so scharfe Reißzähne?
Damit er die Post besser öffnen kann.

Wer ist das leuchtendste Monster?
Frankenschein.

Treffen sich zwei Geister. Sagt der eine: „Du hast
ein Taschentuch verloren."
Sagt der andere: „Ach nein, das ist nur mein Sohn.
Ich lasse ihn manchmal schon alleine fliegen."

Welcher Wolf hat kein Fell?
Der Fleischwolf.

Was ruft ein Skelett, wenn ein Leichenwagen vorbeifährt? „Hallo, Taxi!"

Wie heißt der Teufel mit Vornamen?
Pfui.

**Wieso geht der Werwolf früh ins Bett?
Er ist hundemüde.**

Worauf reitet die Hexe im Winter?
Auf dem Schneebesen.

**Wie öffnet ein Skelett seine Haustür?
Mit seinem Schlüsselbein.**

Warum wird das dreibeinige Monster so oft mit
einem Elefanten verwechselt?
Keine Ahnung, aber der Elefant hat sich auch schon
beschwert.

Was ist braun, zäh und fliegt umher?
Eine Ledermaus.

Warum fährt ein Skelett in die Werkstatt?
Weil alles klappert!

Warum isst ein Vampir niemals saure Gurken?
Weil er mit dem Kopf nicht in das Glas
reinkommt.

Warum können Skelette so schlecht lügen?
Weil sie so leicht zu durchschauen sind!

Was essen Gespenster?
Spuketti!

Wer sitzt im Baum und weint?
Die Heule.

Wann haben Vampire vier Beine?
Wenn sie zu zweit sind.

Wie macht ein Skelett Hautpflege?
Erst abschmirgeln, dann blank polieren.

Wo lernen sich die meisten Gespensterpärchen
kennen?
In der Geisterbahn.

Was kann ein Monster, aber du nicht?
An seinen Fingern bis 25 abzählen.

Warum skaten Skelette nicht gerne?
Weil sie dabei immer so hart aufs Steißbein
fallen.

Sitzen zwei Skelette auf einer Mauer.
Eins fällt runter, beide sind tot.

Was bedeutet es, wenn elf Vampire mit denselben
T-Shirts und kurzen Hosen in dieselbe Richtung
laufen?
Dass sie in einer Mannschaft spielen.

Was will der Zombie mit Filzpantoffeln?
Er möchte sich besser anschleichen können.

Was tun Gespenster gegen das Älterwerden?
Sie lassen sich bügeln.

Warum hat das Skelett keinen Führerschein?
Weil es immer beim Sehtest durchfällt.

Was solltest du tun, wenn du einem Zombie die Hand
geschüttelt hast?
Deine Finger zählen.

Warum fliegen Gespenster, trampeln Monster
und schleichen Werwölfe?
Weil sie es müssen. Hätten sie Räder, würden sie
alle rollen.

Zwei Skelette bei windigem Wetter. Sagt das eine:
„Das geht einem durch und durch!"

Wie viele Zombies braucht man, um einen
Schokoladenkuchen zu backen?
Fünf. Einer macht den Teig und vier schälen die
Smarties.

Was denkt ein Monster, wenn es eine
Bananenschale auf dem Boden liegen sieht?
„Mist! Gleich rutsche ich aus!"

Warum stellen Vampire bei einer Party immer leere
Flaschen hin?
Falls jemand KEINEN Durst hat.

Wie bringt man die Augen eines Skeletts zum
Leuchten?
Man hält ihm eine Taschenlampe ans Ohr.

Warum lassen die Zombies immer das Gartentörchen
offen?
Damit die Blumen frische Luft bekommen.

Was ist ein Zombie auf der Rolltreppe?
Dummheit am laufenden Band.

Warum benutzen Haie keine Zahnseide?
Hast du schon mal versucht, mit Zahnseide einen
halben Delfin aus deinem Gebiss zu entfernen?!

Welcher Dinosaurier war der flexibelste von allen?
Der Tyrannosaurus Flex.

Was ist das: Es macht 999-mal klipp und einmal klapp?
Ein Tausendfüßer mit einem Holzbein.

„Papa, Papa, bei mir liegt ein Monster unterm
Bett!"
„Sei still und schlaf weiter, neben mir liegt ein
Monster IM Bett."

Was ist gelb und schießt?
Eine Banone.

Was macht ein Wikinger auf einem Eisberg?
Frieren.

Wer ist zottelig, stark und arbeitet in der Schule?
Die Sekrebärin.

Treffen sich zwei Magnete.
Sagt der eine: „Na, wie geht es dir heute?"
Sagt der andere: „Danke, ganz gut. Ich weiß nur
nicht, was ich anziehen soll!"

Welcher Fisch ist besonders nervig?
Der Stör.

Was macht eine Wolke mit Juckreiz?
Sie fliegt zum Wolkenkratzer.

Was entsteht, wenn sich ein Igel und ein Regenwurm
paaren?
Stacheldraht.

Was ist braun und sitzt hinter Gittern?
Eine Knastanie.

Was gibt es beim Imker zum Nachtisch?
Bienenstich.

SCHAURIGE
VAMPIRWITZE

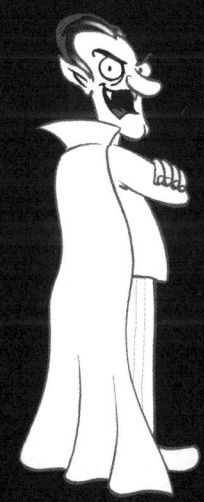

Die Vampirmutter fragt das Vampirkind: „Lydia, was machst du denn da schon wieder?"
„Ich hetze Menschen über den Friedhof!", antwortet das Vampirkind.
„Ach, Lydia, wie oft habe ich dir schon gesagt, dass du nicht mit Essen spielen sollst?!"

Die Vampirfrau ruft: „Aber, Schatz, du liegst ja verkehrt herum im Sarg!"
„So ein Glück", antwortet der Vampirmann. „Dann tun mir ja nur die Füße weh. Ich dachte schon, ich hätte Kopfschmerzen!"

Jonas macht seine Hausaufgaben.
„Du, Papa, schreibt man Vampir eigentlich mit W oder V?"
„Ach, du, das weiß ich auch nicht. Schreib doch einfach: Blutsauger."

Zwei Fledermäuse unterhalten sich.
„Also gestern habe ich Graf Dracula aber mal gründlich meine Meinung gesagt!"
„Und was hast du erreicht?"
„Noch gerade ein gutes Versteck!"

Das Vampirkind kommt mit pitschnassen Haaren ins Wohnzimmer, um seinem Vater gute Nacht zu sagen. Der fragt: „Ist es wirklich nötig, dass du den Fischen immer einen Gutenachtkuss gibst?"

Zwei Vampire treffen sich.
Fragt der eine: „Hallo, wie geht´s denn so?"
Sagt der andere: „Ach, man beißt sich so durch."

Hält ein Polizist einen Vampir an, der in einem Auto sitzt und hinten auf einem Hänger ein Tandem aufgeladen hat. Der Polizist fragt den Vampir: „Haben Sie getrunken?"
Antwortet der Vampir: „Ja, aber nur zwei Radler."

Ein Vampir probiert zum ersten Mal eine Blutwurst.
„Und? Wie schmeckt es Ihnen?", fragt der Wurstverkäufer.
„Die Wurst schmeckt gut, aber die Zipfel gefallen mir nicht."
„Wieso? Was ist denn mit den Zipfeln?"
„Sie sind viel zu nah beieinander!"

„Mama, Mama, unsere Lehrerin weiß gar nicht, was ein Vampir ist!"
„Wie kommst du denn darauf?"
„Ich habe im Kunstunterricht einen gemalt, und sie hat gefragt, was das ist."

 Ein Riese tritt versehentlich auf einen kleinen, dünnen Vampir. Er geht zur nächsten Gruft, klopft und fragt: „Entschuldigung, ist das euer Bruder?"
„Nein, bei uns ist niemand so platt!"

Der Zahnarzt guckt einem Vampir in den Mund und meint: „Das ist kein Loch, Loch, Loch, das ist schon eine Höhle, Höhle, Höhle."
„Das müssen Sie aber nicht dreimal sagen, Herr Doktor!"
„Das tue ich auch nicht, nicht, nicht, das ist das Echo, Echo, Echo!"

Wo gehen Vampire schwimmen?
Im Toten Meer.

Was ist blass, hat einen schwarzen Umhang und acht Räder?
Ein Vampir auf Inlineskates.

Der verwirrte Vampir fragt einen anderen Vampir: „Sag mal, bist du Eckhart von Schlotterstein-Felsengruft?"
„Nein, ich bin Martin Müller."
„Stimmt. Entschuldige, die beiden Namen verwechsle ich immer!"

Fragt ein kleiner Junge seine Mutter: „Bringt es eigentlich Unglück, wenn ein Vampir mit schwarzem Umhang von rechts kommt?"
Sagt die Mutter: „Ja, und das gilt für alle Farben und Richtungen!"

Herr Birnbaum schreit: „Aua, wer hat mich gebissen?"
Antwortet der Vampir: „Was nützt es dir, wenn du meinen Namen kennst?"

Wieso rannte Dracula schreiend aus der Pizzeria?
Auf seiner Pizza war Knoblauch.

Der Vampir riecht genüsslich an dem gerade
gefangenen Herrn Birnbaum und sagt grinsend:
„Heute möchte ich mal einen richtig guten Schluck
Blut trinken!"
Darauf sagt der Herr Birnbaum: „Dann empfehle ich
besonders Herrn Meier aus dem Nachbarhaus!"

Victor Vampir trifft seinen Freund Raffzahn und
sagt: „Du, ich bin jetzt Vegetarier."
„Aha, und was isst du jetzt immer?"
„Blutorangen."

Woran sterben die meisten Vampire?
An Blutvergiftung.

Woran merkst du, dass ein Vampir ein
Feinschmecker ist?
Wenn er vor dem Beißen zuerst nach der
Blutgruppe fragt.

Emil darf heute zum ersten Mal bei seinem Freund Paul übernachten, aber er fürchtet sich ein bisschen und fragt Paul: „Du, Paul, wenn ein Vampir käme, was würdest du dann machen?"

Paul: „Ich würde Knoblauch essen und ihn anhauchen."

Emil: „Und wenn den Vampir das nicht stört?"

Paul: „Dann würde ich ihm ein Kreuz entgegenhalten."

Emil: „Und wenn ihm das auch egal ist?"

Paul: „Dann spucke ich ihm Weihwasser ins Gesicht."

Emil: „Und wenn ihm das nichts ausmacht?"

Paul: „Sag mal, Emil, zu wem hältst du eigentlich – zu mir oder zu dem Vampir?"

Wie tief in den Wald kann ein Vampir einen Menschen jagen?
Genau bis zur Mitte, danach jagt er ihn wieder aus dem Wald heraus.

Kommt ein Vampir betrunken nach Hause. Seine Frau schimpft: „Musst du immer Alkoholiker beißen?"

Dracula hat sich in die Frau eines Getränkehändlers verliebt. Wieder einmal steht er lauernd im Laden herum und wartet auf eine günstige Gelegenheit.
Da verlässt der Händler mit einem Kunden den Laden – und die Frau ist allein. Ein Sprung, ein Biss – und Dracula ist am Ziel seiner Wünsche.
Da steht der Händler plötzlich in der Tür. Dracula lässt von seinem Opfer ab und geht in Deckung.
Der Getränkehändler kommt langsam näher, geht an Dracula vorbei und fühlt den Puls seiner Frau. „Zwei Liter Blut – das macht zehn Euro, bitte."

Was spielen Vampire beim Kindergeburtstag? Sarghüpfen!

Ein Vampir hilft dem anderen beim Umzug. Die neue Wohnung liegt im achten Stock. Sie tragen einen wirklich schweren Eichensarg durch das Treppenhaus und der eine Vampir stöhnt. Da sagt der andere: „Ich habe eine gute und eine schlechte Nachricht für dich. Die gute lautet: Wir sind schon im siebten Stock. Die schlechte lautet: Es ist das falsche Haus."

„Mami, Mami, sind wir wirklich Vampire?"
„Sei still und trink dein Blut aus, bevor es gerinnt."

„Ist es wahr, dass du jetzt einen Vampir in deinem Vogelkäfig hältst?"
„Ja, ich bin es satt, dass die Katze von nebenan mir dauernd meine Wellensittiche wegfrisst!"

Graf Dracula hat dem kleinen Mäuschen
Hausverbot gegeben. Es muss aber unbedingt
ins Schloss, um noch etwas zu holen. Es fragt
die Hexe, ob sie es mit ins Gruselschloss
hineinschmuggeln kann. „Nein, nein", sagt die
Hexe, „dann kriege ich Ärger mit Dracula."
Da kommt ein Zombie vorbei und das Mäuschen
fragt: „Zombie, nimmst du mich mit ins Schloss?
Du bist doch viel stärker als Dracula."
„Nein, nein", sagt der Zombie, „dann kriege ich
Ärger mit Dracula."
Da fragt das Mäuschen das Monster und
das Monster steckt das Mäuschen in seine
Brusttasche. Als das Monster gerade ins Schloss
hineinwill, steht da Graf Dracula und knurrt:
„Taschenkontrolle! Die Hexe hat mir verraten,
dass das Mäuschen sich in mein Schloss
schmuggeln will."
„Na gut", brummt das Monster und kramt den
Inhalt aus seiner Brusttasche. „Hier ein Kamm,
ein Taschentuch, ein bisschen Kleingeld und hier
… (es klopft dreimal kräftig mit der Faust auf
seine Brusttasche) ein Foto vom Mäuschen."

Was macht Dracula, um sich zu entspannen?
Er nimmt ein Blutbad.

Bei Graf Dracula gibt es eine Party.
„Lecker, Ihre Getränke!", sagt eine Vampirfrau und schaut in ihr Glas mit roter Flüssigkeit.
Graf Dracula nickt und sagt: „Ja! Alles Blutproben aus dem Krankenhaus."

Auf dem Dachboden hängen alle Fledermäuse mit dem Kopf nach unten, bis auf eine.
„Alles in Ordnung bei dir?", fragen die anderen besorgt.
„Ja, ja", lächelt die Fledermaus, „ich mache nur gerade Yoga!"

SPINNEN & ANDERE EKLIGE KRABBLER

Sagt die Mottenmutter zu ihrer Tochter: „Also, wenn du jetzt nichts von den alten Socken frisst, gibt's zum Nachtisch auch keinen Pelzmantel!"

Das Monsterkind fragt seinen Vater: „Du, Papa, haben Blaubeeren eigentlich Beine?"
„Natürlich nicht!"
„Oh, dann habe ich gerade einen Mistkäfer gegessen ..."

Beklagt sich ein Glühwürmchen bei seinem Kumpel: „Meine Augen werden immer schlechter!"
„Wieso?", fragt sein Kumpel.
„Gestern Abend habe ich meiner Angebeteten eine halbe Stunde lang Liebesgedichte vorgetragen – und dann erst gemerkt, dass sie eine Zigarette ist."

Was bekommst du, wenn eine Spinne über deinen Monitor läuft?
Eine Webseite!

„Rate mal, was das ist!", sagt Paulchen zu seiner
großen Schwester. „Es ist zwei Zentimeter groß,
hat einen flachen Körper und Klammerbeine mit
schwarzen Klauen!"
„Keine Ahnung. Sag schon!"
„Ich weiß es auch nicht, aber es krabbelt auf
deinem Nacken!"

Für was sorgt die Spinne?
Für ein tolles Netzwerk!

Ich habe eine Spinne angerufen. Es funktionierte
auch, denn sie hatte Netz.

Zwei Kakerlaken unterhalten sich am Morgen.
Die eine fragt: „Sag mal, hast du nichts von diesem
Gewitter heute Nacht mitbekommen?"
„Doch, natürlich", sagt die andere.
„Und warum hast du mich dann nicht geweckt?
Du weißt doch, dass ich bei Gewitter nicht schlafen
kann!"

Sagt ein Riese zu seinem Freund: „Mist, mich hat ein Tiger gestochen!"
Der Freund sagt: „Nein, nein, das war eine Wespe!"
„Ja, kann sein. Eben irgendein kleines gelb-schwarz gestreiftes Viech!"

Franz hat einen kleinen Bruder bekommen. Er schaut sich das winzige Baby an und sagt dann: „Ganz niedlich, Mama, aber eigentlich hatte ich mir doch eine Vogelspinne gewünscht!"

500 Flöhe krabbeln auf einem Nashorn herum. Das schüttelt sich, damit die Plagegeister runterfallen. 499 fallen herunter. Nur ein einziger Floh kann sich halten. Alle anderen Flöhe rufen: „Los, Helmut, mach ihn fertig!"

Ein Regenwurm kriecht nach einem heftigen Platzregen aus der Erde. Da bemerkt er ganz in seiner Nähe einen zweiten Wurm, der dasselbe tut.
„Oh", sagt der erste Wurm zum zweiten, „wie bist du schön und bezaubernd! Willst du mich heiraten?"
„Quatsch!", entgegnet der andere. „Ich bin doch dein anderes Ende!"

„Oma, möchtest du eine Riesenheuschrecke
haben?"
„Nein, mein Schatz."
„Na gut. Und jetzt fragst du mich!"

„Meine Frau lässt sich scheiden, wenn ich noch
einmal über Wanzen, Schaben oder Mücken rede."
„Das ist ja furchtbar!"
„Ja, sie wird mir wirklich fehlen."

Der Spinnenforscher berichtet seinem Kollegen:
„Endlich kann ich wieder gut hören, ich habe ein
Hörgerät bekommen!"
„Was kostet so etwas denn?"
„Nein, es rostet überhaupt nicht."

„Herr Ober, mein Salat ist nicht gewaschen!"
„Was? Das kann nicht sein! Schauen Sie mal, der
kleine Wurm hier auf Ihrem Teller ist doch ganz
sauber!"

Zwei Flöhe kommen aus dem Kino, fragt der eine
den anderen:
„Hüpfen wir nach Hause oder nehmen wir uns
einen Hund?"

„Herr Ober, Herr Ober, in meiner Suppe ist eine Fliege!"
„Nicht mehr lange", sagt der Ober, „sehen Sie nicht die Spinne am Tellerrand?"

 Unterhalten sich zwei Spinnen. Sagt die eine zur anderen: „Ich glaub, ich hab den Faden verloren."

Zwei Holzwurmmütter treffen sich und reden über ihre Kinder.
„Was macht denn Ihr Sohn eigentlich?", fragt die eine.
„Er hat es weit gebracht", erklärt die andere stolz. „Er arbeitet in einer Bank."

Treffen sich zwei Läuse auf einer Glatze. Sagt die eine: „Weißt du noch? Damals, als wir hier noch Verstecken spielen konnten?"

Fritzchen kratzt sich am Kopf. Da sagt Fritzchens Mutter verschämt zum Opa: „In der Schule haben sie jetzt alle Läuse!"
Der Opa meint: „Ist doch schön, wenn Kinder mit Tieren groß werden!"

Benjamin holt jeden Tag zwei Packungen Mottenkugeln aus der Drogerie. Fragt ihn der Verkäufer nach einer Woche: „Für was brauchst du denn so viele Mottenkugeln?"
Antwortet Benjamin: „Ist gar nicht so einfach, die Viecher zu treffen!"

Ein Holzwurm kommt freudestrahlend nach Hause und verkündet unternehmungslustig: „Nun zieht euch mal schick an! Heute gehen wir groß aus und essen chinesisch. Im Antiquitätenladen sind Möbel aus Hongkong eingetroffen."

Zwei Spinnen treffen sich in der Küche.
„Wie geht es Ihnen?", fragt die eine.
„Ach", klagt die andere, „seitdem ich hinter dem Kühlschrank wohne, werde ich meine Erkältung überhaupt nicht mehr los."

„Du, ich habe heute Morgen vier tote Fliegen im
Badezimmer gefunden: zwei männliche und zwei
weibliche!"
„Woher weißt du denn, dass es männliche oder
weibliche Fliegen waren?"
„Ganz einfach: Zwei klebten am Rasierapparat und
zwei am Lippenstift!"

Wem geht es schlimmer als einem Brachiosaurus
mit Halsschmerzen?
Einem Tausendfüßler mit Fußpilz.

Eine Fliege fliegt haarscharf an einem Spinnennetz
vorbei. Die Spinne ruft ärgerlich: „Morgen kriege ich
dich!"
„Denkste! Ich bin eine Eintagsfliege!"

Woran erkennt man einen freundlichen
Motorradfahrer?
An den Fliegen zwischen seinen Zähnen.

Zwei Spinnen treffen sich.
Sagt die eine: „Oh, du bist aber dünn geworden!"
Sagt die andere: „Stimmt. Ich kann einfach keiner
Fliege was zuleide tun …"

 Warum gehen Ameisen nicht in die Kirche?
Weil sie in Sekten sind.

Familie Blödelbrink fährt in den Urlaub. Sie werden
jeden Abend von Mücken geplagt. Eines Abends sieht
Herr Blödelbrink Glühwürmchen und denkt sich:
„Mist jetzt kommen die Viecher schon mit Laternen."

LETZTE WORTE

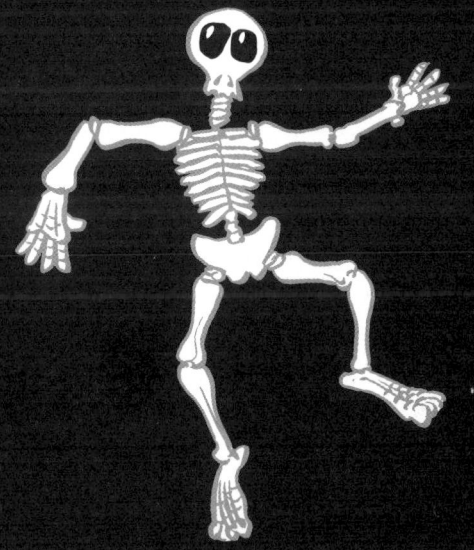

Was waren die letzten Worte des Mädchens, als
der Werwolf auftauchte?
„Und ich dachte, das wäre mein Magen, der so
laut knurrt."

Letzte Worte des Sportlehrers:
„Alle Medizinbälle zu mir!"

Letzte Worte des Briefträgers:
„Du bist ja ein ganz Feiner!"

Letzte Worte der Köchin:
„Wirf mir mal das Messer rüber!"

Letzte Worte des Waldarbeiters:
„Achtung, Baum fällt!"

Letzte Worte des Arztes:
„Nein, Sie sind nicht ansteckend!"

Letzte Worte des Obstbauern:
„Diese Leiter ist wirklich stabil!"

Letzte Worte der Giftschlange:
„Jetzt habe ich mir auf die Zunge gebissen!"

Letzte Worte des Skilehrers:
„Nein, das ist keine Lawine!"

Letzte Worte der Mutter:
„Wie kommen die Legosteine auf die Treppe!?"

Letzte Worte des Vampirs:
„Mist, die Zeitumstellung!
Geht jetzt etwa schon
die Sonne auf?"

Letzte Worte des Nachtwächters:
„Das war bestimmt nur eine Maus."

Letzte Worte des Heimwerkers:
„Hält super!"

Letzte Worte des Kriminalpolizisten:
„Sie sind der Mörder, nicht wahr?"

Letzte Worte des Arztes, der einen Feuerschlucker
untersucht: „Bitte den Mund weit aufmachen und
‚Aaaah' sagen!"

Letzte Worte des Höhlenforschers:
„Von dieser Höhlendecke hat sich schon seit 300
Jahren kein Felsbrocken mehr gelöst!"

Letzte Worte des Erfinders:
„So, jetzt testen wir das Maschinchen mal …"

Letzte Worte der Ehefrau:
„Hier ist die Kreditkartenabrechnung, mein Schatz!"

Letzte Worte des Ehemanns:
„Liebling, gibt es das Kleid auch in deiner Größe?"

Letzte Worte der Großmutter:
„Rotkäppchen, bist du das?"

Letzte Worte der Hexe:
„Ich hätte mir eine elektrische Heizung einbauen lassen sollen."

Letzte Worte Schneewittchens:
„Der Apfel schmeckt komisch."

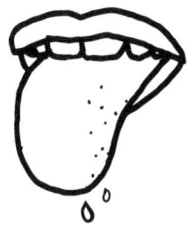

Letzte Worte des Gärtners:
„Das hier ist doch das Schneckengift, oder?"

Letzte Worte des Fallschirmspringers:
„Immer diese blöden Motten!"

Letze Worte des Mathelehrers:
„Stifte raus, wir schreiben einen
unangekündigten Test!"

Letzte Worte des Kellners:
„Und waren Sie zufrieden?"

Letzte Worte der Mensa-Mitarbeiterin:
„Heute gibt es Spinat!"

Letzte Worte des Menschenfressers:
„Ab heute esse ich kein Fleisch mehr."

Letzte Worte des Fußgängers:
„Ist die Ampel kaputt?"

Letzte Worte des Teddybären:
„Bist du jetzt zu alt für Stofftiere?"

Letzte Worte des Schneemanns:
„Scheiß Klimawandel!"

Letzte Worte der Raupe:
„Morgen werdet ihr mich nicht wiedererkennen!"

Letzte Worte des Supermarkt-Mitarbeiters:
„Ich staple noch eben die Dosen zu einer großen
Pyramide!"

Letzte Worte Dornröschens:
„Ich bin müde und leg mich kurz hin."

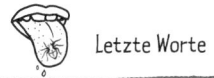

Letzte Worte des Beamten:
„Ich muss Ihren Antrag leider ablehnen."

Letzte Worte des Skifahrers:
„Nein, das ist keine Lawine."

Letze Worte des Lehrers:
„Ist das wirklich die Unterschrift deiner Eltern?"

Letzte Worte des Schaffners:
„Bitte entschuldigen Sie die erneute Verzögerung."

Letzte Worte des Einbrechers:
„Du hast gesagt, hier gibt es keinen Wachhund!"

Letzte Worte des Kurzsichtigen auf dem 10-Meter-Brett:
„Ist da wirklich Wasser im Schwimmbad?"

Letzte Worte des Malers:
„Hältst du mir die Leiter fest?"

Letzte Worte des Reiseführers:
„Die Nashörner sind gut drauf!"

Letzte Worte des Elektrikers:
„Die Sicherung hatten Sie rausgenommen, oder?"

Letzte Worte des Boxers:
„Geht's schon los?"

GRABSTEIN-
SPRÜCHE

Was steht auf dem Grabstein des
Mathematikers?
„Damit hatte er nicht gerechnet."

Was steht auf dem Grabstein einer Putzfrau?
„Sie kehrt nie wieder."

Was steht auf dem Grabstein der neugierigen
Nachbarin?
„Sie ist weg vom Fenster."

Was steht auf dem Grabstein eines Totengräbers?
„Wer anderen eine Grube gräbt ..."

Was steht auf dem Grabstein eines Wanderers?
„Er ist zu weit gegangen."

Was steht auf dem Grabstein eines Lokführers?
„Der Zug ist abgefahren."

Was steht auf dem Grabstein eines Uhrmachers?
„Seine letzte Stunde hat geschlagen."

Was steht auf dem Grabstein eines Bergsteigers?
„Er fiel nur 30 Meter weit. Und doch bis in die
Ewigkeit."

Was steht auf dem Grabstein eines
Lebensmittelverkäufers?
„Sein Haltbarkeitsdatum ist abgelaufen."

Was steht auf dem Grabstein eines Veganers?
„Zum letzten Mal ins Gras gebissen."

Was steht auf dem Grabstein des Elektrikers:
„1000-mal berührt, 1000-mal ist nix passiert."

Was steht auf dem Grabstein des Nichtschwimmers?
„Weit schwamm er nicht, aber tief."

Was steht auf dem Grabstein eines Chemikers?
„Das war keine gute Reaktion."

Was steht auf dem Grabstein eines
Computerfreaks?
„Für immer offline."

Was steht auf dem Grabstein eines Augenarztes?
„Das ging ins Auge."

Was steht auf dem Grabstein eines Zahnarztes?
„Das letzte Loch ist gefüllt."

Was steht auf dem Grabstein eines Hütchenspielers?
„Hier ruht der Hütchenspieler … oder hier … oder
hier."

Was steht auf dem Grabstein eines Urologen?
„Er hat sich verpisst."

Was steht auf dem Grabstein eines Rennfahrers?
„Der Tod hat ihn eingeholt."

Was steht auf dem Grabstein des
Bombenentschärfers?
„Sein Leben endete mit einem großen Knall."

Was steht auf dem Grabstein eines Kochs?
„Er hat den Löffel abgegeben."

Was steht auf dem Grabstein eines Bäckers?
„Nun ist der Ofen aus."

Was steht auf dem Grabstein eines Betrügers?
„Jetzt haben wir dich auch mal reingelegt."

Was steht auf dem Grabstein eines Boxers?
„Du kannst zählen, so viel du willst, aber ich bleib
hier liegen."

VON MONSTERN, GEISTERN & HEXEN

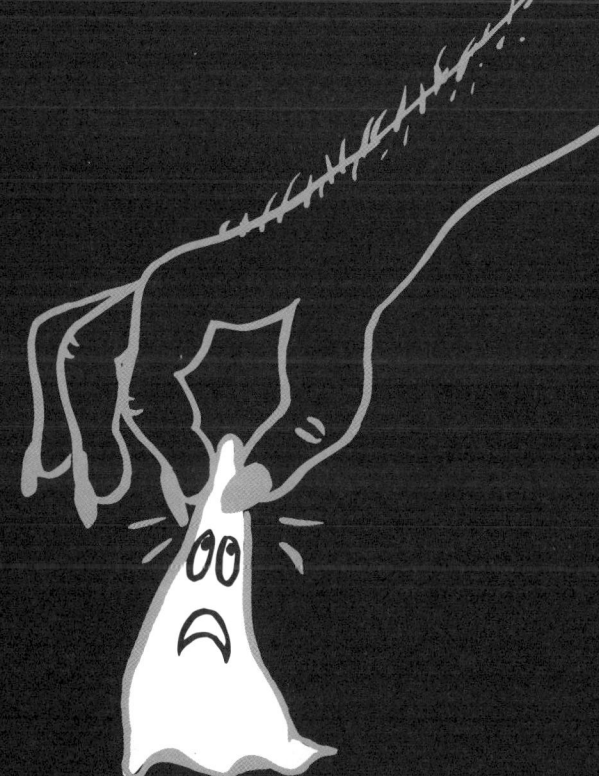

Ein Skelett sitzt im Café. Der Kellner fragt: „Was darf ich Ihnen bringen?"
Antwortet das Skelett: „Einen Pfefferminztee, bitte, und einen Lappen zum Aufwischen!"

Zwei Männer gehen von einer Halloweenparty nach Hause und beschließen, die Abkürzung über den Friedhof zu nehmen. Mitten zwischen den Gräbern hören sie plötzlich ein unheimliches Klopfen. Zitternd vor Furcht schleichen sie weiter und finden schließlich einen alten Mann, der mit Hammer und Meißel einen Grabstein bearbeitet. Nachdem der erste sich wieder leicht erholt hat, sagt er: „Alter Mann, Sie haben uns fast zu Tode erschreckt! Was arbeiten Sie denn hier mitten in der Nacht?"
„Diese Idioten", murmelt der alte Mann, „die haben meinen Namen falsch geschrieben!"

„Mami, Mami", fragt das Monsterkind. „Warum ist der Gurkensalat so stachelig?"
„Weil Kakteen im Moment so billig sind!"

Die Monstermutter hat ihr Kind zum zehnten Mal ins Bett geschickt. Mühsam beherrscht sagt sie: „Wenn ich noch einmal das Wort Mama höre, dann flippe ich aus!"
Fünf Minuten später piepst es aus dem Kinderzimmer: „Frau Monster, könnte ich etwas zu trinken haben?"

Zwei Skelette wollen in die Disco gehen. Das eine kehrt noch einmal um und holt seinen Grabstein. Fragt das andere: „Was willst du denn damit?" „Den Laden kenne ich, da kommt man ohne Ausweis nicht rein."

Ein Monster und ein kleines Mädchen gehen zusammen ins Café.
„Ich möchte bitte eine Waffel mit Puderzucker", sagt das Mädchen.
„Und Sie?", fragt die Kellnerin das Monster.
„Ich möchte einfach nur ein bisschen Puderzucker auf das Mädchen", antwortet das Monster.

Nach mehreren Jahren Spukschule fasst sich das Gespenst Goldi ein Herz und fragt seine Lehrerin: „Frau Lehrerin, darf ich heute auch mal Menschen erschrecken?"
„Goldi, bist du verrückt?"
„Nein. Muss man das denn sein, um Menschen zu erschrecken?"

Ein Monster begrüßt den Papagei Coco: „Hallo, Coco!"
Papagei: „Hallo, Coco!"
Monster: „Äffst du mich nach?"
Papagei: „Äffst du mich nach?"
Monster: „Hör auf damit!"
Papagei: „Hör auf damit!"
Monster: „Ich bin hässlich und doof!"
Papagei: „Ja, das stimmt!"

Geht ein Skelett zum Zahnarzt und fragt: „Sind meine Zähne in Ordnung?"
Sagt der Zahnarzt: „Ja, aber um Ihr Zahnfleisch mache ich mir Sorgen."

Die Gespenstermama bringt ihre Zwillinge Hugo und
Victor ins Bett. Der eine lacht und lacht, da fragt die
Mutter: „Warum lachst du denn so?"
„Du hast Hugo zweimal gebadet und mich gar nicht!"

Was sagt man, wenn man einen Geist mit zwei
Köpfen sieht?
„Guten Tag, guten Tag!"

Jaulend schreckt der Werwolf aus dem Schlaf hoch.
„Was ist los, Schatz?", fragt seine Frau.
„Im Traum bin ich in einen Nagel getreten."
„Was schläfst du denn auch immer barfuß!"

Zwei Monster laufen hungrig durch den Wald.
„Gibt es hier eigentlich Waldmeister?", fragt das
eine.
„Keine Ahnung", sagt das andere, „aber Förster
gibt es hier bestimmt!"

Der Menschenfresser-Mann sagt zur Menschenfresser-
Frau: „Darf ich dir meinen Arm reichen, Schatz?"
„Zu lieb! Aber ich habe schon gefrühstückt!"

 Der Monsterjunge ruft verliebt: „Hast du gesehen, wie das Mädchen mich angelächelt hat?" Darauf sagt sein großer Bruder: „Als ich dich das erste Mal gesehen habe, musste ich auch lachen!"

Der Monstermann sagt zur Monsterfrau: „In meiner Suppe ist eine Nadel."

„Oh, Verzeihung", antwortet seine Frau. „Dann habe ich wohl wieder das Kochbuch mit den vielen Druckfehlern erwischt. Wahrscheinlich sollte es Nudel heißen."

Beim Arzt fragt das Monster am Ende der Behandlung: „Und, Herr Doktor, wie gefällt Ihnen meine neue Fellfarbe?"

„Ach, Sie wissen doch, als Arzt unterliege ich der Schweigepflicht ..."

„Ich würde das Schloss ja gerne kaufen, aber es soll hier spuken."

Winkt der Schlossherr ab: „Ich habe hier noch kein Gespenst gesehen und ich wohne schon über 500 Jahre hier."

Ein Monster macht eine Reise auf einem Kreuzfahrtschiff. Im Bordrestaurant fragt der Kellner: „Möchten Sie gerne die Karte sehen?" Antwortet das Monster: „Oh, ja, die Passagierliste bitte!"

Fragt ein kleiner Werwolf: „Papa, was ist das Wichtigste bei der Knackwurst?" Antwortet der Vater: „Das N."

Zwei Monsterjungen geben ordentlich an. „Mein Bruder drückt zwei Steine aneinander und es bleibt nur Sand übrig", prahlt der eine. „Ach, das ist doch noch gar nichts", sagt der andere. „Mein Bruder drückt zwei Rinder aneinander und es bleibt nur ein Würfel Brühe übrig!"

„Mami, Mami", schluchzt das kleine Monster. „Alle anderen lachen über mich, weil ich so große Füße habe!" „So ein Unsinn! Und jetzt zieh deine Schuhe aus und stell sie eben in die Garage!"

Das Monsterkind kommt klitschnass nach Hause.
„Was ist denn mit dir los?", fragt die Monstermama.
„Ich und meine Freunde, wir haben Hund gespielt.
Und ich war der Baum."

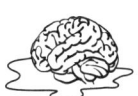

Die Gespenstermutter bekleckert sich mit
Tomatensoße.
„Oh, nein", ruft sie verärgert, „ich seh ja aus wie
ein Schwein!"
„Und bekleckert bist du auch noch", sagt das
Gespensterkind.

Der Menschenfresser steigt in den Bus ein und
kaut dabei auf einem Arm herum. Darauf sagt der
Busfahrer: „He, dieser Bus ist aber kein Restaurant!"
„Ich weiß", antwortet der Menschenfresser. „Darum
habe ich mir mein Essen ja auch selbst mitgebracht."

Das Monsterkind jammert: „Mami, Mami, alle
sagen, ich hab so lange Zähne!"
„Schschscht, sag doch so was nicht, du zerkratzt
mir ja den ganzen Fußboden!"

Der Menschenfresser kommt zu einem Firmenausflug
in die Berghütte. Er durfte, wie alle anderen auch,
noch eine zweite Person mitbringen. Als er ankommt,
hat er aber zehn Leute dabei.
„Was soll denn das?", fragt der Firmenchef.
Antwortet der Menschenfresser: „Also ohne Proviant
geht bei mir gar nichts …"

Auf dem Friedhof sagt ein Skelett zum anderen:
„Es ist wirklich kalt geworden."
„Stimmt, man friert bis auf die Knochen."

Herr Birnbaum ist zu einer Geisterbeschwörerin
gegangen. Diese schaut in ihre Kristallkugel und sagt:
„Jetzt sehe ich Ihre Frau!"
Herr Birnbaum fragt erschrocken: „Und was sagt sie?
Können Sie sie hören?"
„Nichts."
„Dann kann das nicht meine Frau sein!"

Trifft ein Geist einen anderen und murmelt:
„Ich glaube, dieses Gesicht habe ich schon mal
irgendwo gesehen …"
Sagt der andere: „Kann ich mir nicht vorstellen,
ich trage es eigentlich immer an derselben
Stelle."

„Mama, Mama, alle sagen, ich bin ein hässliches Monster!" „Nein, mein Kleiner, schließ jetzt bitte deine 3 Augen und schlaf ein."

Treffen sich zwei Geister auf dem Friedhof, der eine fragt: „Wie bist du gestorben?"
„Ich bin vom Eiffelturm gesprungen, und du?"
„Ich stand vor dem Eiffelturm, als mir ein Vollidiot auf den Kopf gesprungen ist."

Bei Frau Furchtsam klingelt das Telefon und eine Stimme sagt: „Ich bin die blutige Hand und ich bin in deinem Land."
Eine Stunde später klingelt wieder das Telefon: „Ich bin die blutige Hand und ich bin in deiner Stadt."
Eine Viertelstunde später klingelt wieder das Telefon: „Ich bin die blutige Hand und ich bin in deiner Straße."
Eine Minute später klingelt es an der Haustür und ein Mann fragt: „Hätten Sie bitte ein Pflaster für mich?"

Sagt ein Gespenst zum anderen: „Dein Mund ist offen!"
Antwortet das andere: „Weiß ich, hab ich ja selbst aufgemacht."

Treffen sich zwei Gespenster. Fragt das eine:
„Und arbeitest du jetzt im Restaurant?"
„Ja!"
„Als Kellner?"
„Nein, als Tischdecke."

Frau Knüttelrütt geht zu ihrer Ärztin und sagt:
„Frau Doktor, bei mir zu Hause spukt es."
„Wie kommen Sie denn darauf?"
„Ganz oft höre ich Stimmen, sehe aber niemanden."
„Passiert das in der Nacht?"
„Nein, tagsüber, wenn ich telefoniere."

Unter dem Kinderbett sitzen zwei Monster. Eins zittert vor Angst und Tränen laufen ihm übers Gesicht.
„Was ist denn?", fragt das eine Monster.
Antwortet das andere: „Ich hab solche Angst, dass gleich wieder der große Kopf kommt und brüllt Da-is-nix!"

Zwei Jungen haben auf dem Friedhof Kastanien gesammelt. Nun teilt der eine auf: „Eine für dich, eine für mich, eine für dich ...“

Ein alter Mann hört das, kann die Jungen aber wegen eines dichten Strauches nicht sehen. Voller Angst rennt er ins Dorf und schreit: „Der Herrgott und der Teufel teilen sich auf dem Friedhof die Seelen!“

Ein junger Mann geht mit ihm, um ihn zu beruhigen, und nun hören sie beide, die starr vor Entsetzen hinter dem Strauch hocken, den Jungen sprechen: „Eine für dich, eine für mich, eine für mich ...“

Sie merken nicht einmal, dass zwei Kastanien auf sie herabfallen. Doch der Junge hat gesehen, dass noch zwei Kastanien runtergefallen sind, und sagt laut: „Pack deine schon mal ein. Wenn ich nun noch die beiden hinter dem Strauch hole, haben wir jeder dreiundsechzig!“

Ausgerechnet am Geburtstag der Monstermutter
streiten sich die beiden Monsterkinder um das letzte
Stück Schleimkuchen.
„Könnt ihr beiden denn nicht wenigstens an
meinem Geburtstag einer Meinung sein?", fragt die
Monstermutter genervt.
„Sind wir doch!", rufen die Monsterkinder. „Wir
wollen beide das letzte Stück Kuchen!"

„Mami, Mami", quengelt das Monsterkind, „ich
mag nicht mehr Zähne putzen."
„In Ordnung, dann stell die Klobürste wieder
zurück."

Ein Mann verirrt sich im Wald und kommt an ein
Hexenhaus. Heraus humpelt eine alte Hexe mit
einem Raben auf der Schulter. Sie hat das ganze
Gesicht voller Warzen und richtig üblen Mundgeruch.
Schielend schaut sie ihn an und säuselt: „Wenn du
rätst, welches Tier ich auf der Schulter sitzen habe,
bekommst du von mir einen Kuss!"
Der Mann ekelt sich und antwortet verzweifelt:
„Einen Elefanten!"
Die Hexe wiegt den Kopf und sagt: „Na gut, das
können wir gerade noch gelten lassen!"

Das Monster mit dem riesigen Maul geht zum
Fotografen und wünscht sich ein Foto, auf dem
sein Mund nicht so groß aussieht.
„Kein Problem", sagt der Fotograf, „wenn ich
auf den Auslöser drücke, sagst du einfach
‚Konfitüüüüüre', kapiert?"
Das Monster nickt. „Achtung!", ruft der Fotograf
und drückt auf den Auslöser. Und das Monster
sagt: „Marmelaaaade!"

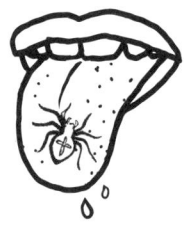

„Mami, Mami", ruft das Gespensterkind, „mir ist schon ganz schwindelig!"
„Sei still, das ist erst der Vorwaschgang."

Die kleine Emma sitzt in der Nacht vor dem Haus und feilt sich die Fingernägel.
„Emma, was machst du?", fragt die Eule.
„Och, ich schaue mir die Gegend an und feile meine Nägel spitz, und wenn ein Monster kommt, kratze ich es."
„Emma, was machst du?", fragt die Fledermaus.
„Och, ich schaue mir die Gegend an und feile meine Nägel spitz, und wenn ein Monster kommt, kratze ich es."
„Emma, was machst du?", fragt das Monster.
„Och, ich schaue mir die Gegend an und feile meine Nägel spitz und rede gelegentlich dummes Zeug."

FIESE VIECHER

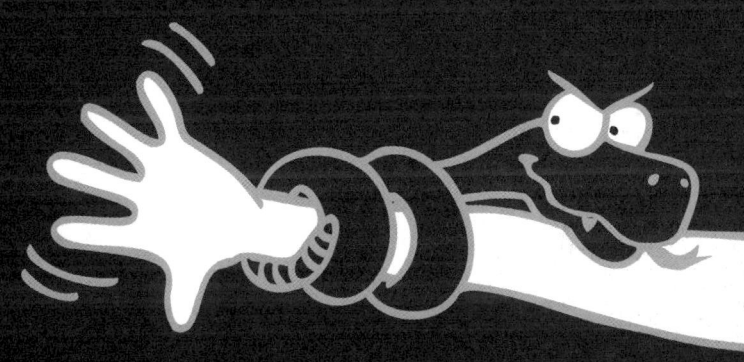

Zwei Riesenschlangen kämpfen miteinander. Sagt plötzlich die eine: „Ich gebe auf. Sag schon, wer hat dir den Seemannsknoten beigebracht?"

Ein Verrückter ruft bei der Polizei an. „Ich muss ein Geständnis ablegen. Ich habe soeben einen Säbelzahntiger überfahren!"
„Sie haben was?"
„Ich habe soeben einen Säbelzahntiger überfahren."
„Die Säbelzahntiger sind ausgestorben!"
Da fängt der Verrückte schrecklich an zu weinen. „Das habe ich nicht gewollt!"

Der Tyrannosaurus Rex hat schlimme Bauchschmerzen und ärgert sich: „Ich hätte den Typen erst aus dem Auto aussteigen lassen sollen, bevor ich ihn fresse!"

Sagt Rotkäppchen zur Großmutter: „Oma, diese Brombeeren schmecken mir nicht."
Sagt die Großmutter: „Nun iss schon auf, sonst kommt der böse Wolf!"
Darauf die Kleine: „Ach, und du glaubst, dem schmecken die, oder was?"

Ein Hase sitzt weinend am Wegesrand.
„Warum weinst du denn?", fragt das Kaninchen.
„Ein Monster ist gekommen und hat gefragt, ob
ich fussele. Ich habe nein gesagt und es hat mich
einfach als Klopapier benutzt."
Am anderen Tag sitzt der Hase lachend am
Wegesrand.
„Schön, dass du wieder lachen kannst", sagt das
Kaninchen.
„Ja, heute hat das Monster den Igel gefragt!"

Rotkäppchen spaziert durch den Wald. Plötzlich hört
das Mädchen hinter einem Gebüsch ein Stöhnen und
Rascheln. Sie guckt hinter den Busch, entdeckt den
bösen Wolf und fragt ihn: „Aber, Wolf, warum hast
du denn so große Augen?"
Darauf faucht der Wolf sie an: „Kann man hier denn
nicht mal ungestört aufs Klo gehen?"

Wie fängt man in Deppendorf einen Braunbären?
Man benötigt dazu einen Spaten, einen Sack
Mehl, einen Spiegel und einen Kühlschrank. Als
Erstes gräbt man eine Grube und wartet, bis der
Braunbär reinfällt. Dann schüttet man Mehl über
ihn und hält ihm den Spiegel vor. Der Braunbär
denkt, er sei ein Eisbär, und kriecht freiwillig in
den Kühlschrank. Und schon hat man ihn!

Mitten in der Wüste sitzt ein Mann und spielt zauberhaft Geige. Ein Löwe umkreist ihn und legt sich schließlich nieder. Noch zwei weitere Löwen pirschen sich an und legen sich dann ebenfalls friedlich hin. Nach einiger Zeit kommt ein vierter Löwe und frisst den Geigenspieler auf. Hinter einem Stein sagt ein Erdmännchen zum anderen: „Ich habe es dir doch gesagt: Wenn der taube Löwe kommt, ist es mit der Musik vorbei ..."

Ein schwangeres Werwolfweibchen erklärt seinem Neffen: „Hier in meinem Bauch ist mein Baby drin."
„Und hast du es lieb?", fragt der Neffe.
„Natürlich!"
„Und warum hast du es dann gefressen?"

Sagt eine kleine Hyäne zu ihrer Mama: „Oh nein, Papa ist von einer Klippe gefallen!"
„Hoch?", fragt die Mutter besorgt.
„Nein, runter!"

Fragt der kleine T-Rex seine Mama: „Komme ich eigentlich auch in den Himmel?"
Darauf antwortet die Mutter: „Nein, mein Schatz, ins Museum!"

Zwei Tiger im Zoo. Der eine fragt den anderen:
„Man erzählt sich, du hättest mal einen Ausbruch geschafft?"
„Klaro!"
„Und? Wie lief es draußen?"
„Zuerst prima! Ich habe mich im Rathaus versteckt und jeden Tag einen Beamten gefressen. Das fiel erst gar nicht auf."
„Und wie ist es dann aufgefallen?"
„Ach, ganz blöde! Eines Tages habe ich aus Versehen eine Putzfrau erwischt!"

Zur Zeit der Kreuzzüge findet ein Löwe einen Ritter und murrt: „Mist, schon wieder nur Dosenfutter!"

Über welche drei Worte freut sich der Hai am meisten?
„Mann über Bord!"

Treffen sich zwei Schlangen.
„Du, sind wir eigentlich giftig?", fragt die andere.
„Keine Ahnung. Wieso?"
„Ich habe mir gerade auf die Zunge gebissen ..."

Was kommt heraus, wenn ein Tyrannosaurus Rex
und ein Buntspecht ein Baby bekommen?
Ein Saurier, der anklopft, bevor er dich frisst.

Zwei Haie schwimmen im kalten Wasser.
Sagt der eine: „Brrr, das ist ja wieder eiskalt heute!"
Der andere antwortet: „Stimmt, morgen ziehe ich auf
jeden Fall wieder meine Badehose an!"

Ein Besucher fragt den Museumsdirektor: „Wie
alt ist dieses Dino-Skelett?"
„65 Millionen und vier Jahre", antwortet der
Direktor.
„So genau wissen Sie das? Erstaunlich!", sagt der
Besucher.
„Ja", antwortet der Direktor, „vor vier Jahren
habe ich hier im Museum meine Arbeit begonnen
und da war das Skelett exakt 65 Millionen Jahre
alt."

Kurz vor dem Aussterben fragt das letzte
Brachiosaurus-Weibchen seinen Mann: „Liebst du
mich?"
Der antwortet: „Klar. Wen sonst?"

„Seit ich beim Optiker war, hat sich mein Leben total verbessert", sagt eine Schlange zur andern.
„Wieso das denn?", staunt die andere.
„Dank meiner neuen Brille habe ich gesehen, dass ich seit Jahren mit einem Gartenschlauch zusammengelebt habe!"

Läuft ein mächtiger Braunbär durch den Wald und schreit: „Kugel! Kugel!! Kugel!!!"
Ein anderer Bär fragt ihn: „Warum schreist du die ganze Zeit Kugel?"
„Weil ich ein Kugelschreibär bin!"

Der Besitzer eines Pelzmodengeschäfts geht mit seinem besten Freund auf Safari. Im Dschungel springt plötzlich ein schreckliches Biest mit furchtbarem Gebrüll auf seinen Rücken.
„Hilfe, was ist das denn für ein Biest?", fragt der Pelzmodengeschäftsbesitzer erschrocken.
„Woher soll ich das denn wissen?", erwidert sein Freund. „Du bist doch der Pelzfachmann!"

Treffen sich zwei Haie. Sagt der eine: „Schau mal, ich habe eine Plastikhand gekauft. Wenn ich die über Wasser halte, kommt bestimmt ein Mensch!"

Lotti fragt: „Zu welcher Tierart gehört der Puma?"
„Zu den Raubkatzen."
„Und der Adidas?"

Fragt der Lehrer: „Janosch, kannst du mir ein giftiges Tier aus Südamerika nennen?"
Janosch: „Ja klar, welches hätten Sie denn gerne?"

Kommt Herr Klotzkopf in die Zoohandlung und bestellt: „Ich möchte bitte zwei Brillenschlangen, fünf giftige Spinnen und zwei Dutzend Moskitos!"
Staunt der Zoohändler: „Wofür brauchen Sie die Viecher denn?"
„Meine Schwiegermutter aus Afrika kommt zu Besuch und sie soll sich hier wie zu Hause fühlen!"

Ein Velociraptor beobachtet einen Tyrannosaurus Rex, wie er die abgenagten Knochen seiner letzten Beute in alle Himmelsrichtungen wirft. „Sag mal, Rexi, was machst du denn da?", fragt er ihn.
„Ach", antwortet der Tyrannosaurus, „ich will es den Wissenschaftlern später auch nicht zu leicht machen!"

Frau Zickenfies schaut erstaunt aus dem Fenster: Auf der Straße sieht sie einen Trauerzug mit zwei Leichenwagen, einer Frau mit einem Kampfhund und bestimmt 200 Leuten vorbeiziehen. Frau Zickenfies geht auf die Straße und fragt die Hundehalterin, wer in den beiden Leichenwagen liegt.
Diese antwortet: „Im ersten Wagen liegt mein Mann. Er wurde vom Kampfhund totgebissen. Im zweiten liegt meine Schwiegermutter. Sie wollte ihm helfen und wurde auch totgebissen."
Meint die andere Frau: „Wie praktisch! Kann ich mir den Hund mal ausleihen?"
Die Frau deutet auf die vielen Menschen, die hinter den Leichenwagen herziehen, und antwortet lächelnd: „Na klar, aber da müssen Sie sich hinten anstellen!"

Frau Birnbaum liest ihrem Mann aus der Zeitung vor:
„Stell dir vor, Wolfgang, hier steht, dass es in unserem
Wald tatsächlich wieder Wölfe geben soll!"
„Und was tun sie dagegen?", brummt der Mann.
„Sie haben erst mal eine Gruppe Jäger hingeschickt."
„Na, davon werden sie aber nicht lange satt."

Im Biologieunterricht stehen gerade die
Dinosaurier auf dem Lehrplan. Die Bio-Lehrerin
fragt Fritzchen: „Was weißt du über den
Deinonychus?"
Fritzchen: „Er hatte eine ganz schlechte Schrift."
„Wie kommst du denn darauf?"
„In unserem Buch steht, dass er eine furchtbare
Klaue hatte."

Streiten sich eine Hyäne und ein Flusspferd.
Flusspferd: „Du Aasfresser!"
Hyäne: „Du Biotonne!"

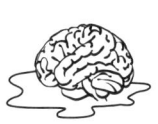

Die Ratten-Familie hat Nachwuchs bekommen.
Der Vater ruft stolz: „Er sieht aus wie ich!"
Darauf meint die Mutter: „Nicht so schlimm.
Hauptsache, er ist gesund!"

„Gibt es hier Quallen, Krebse oder Seeigel?", fragt der Badegast.
„Keine Angst", beruhigt ihn der Bademeister, „die werden alle von den Haien gefressen!"

Früh am Morgen sieht ein hungriger Hai einen Surfer und denkt sich: „Ach, wie hübsch – Frühstück mit Brettchen und Serviette!"

Ein Mann kommt in eine Zoohandlung und verlangt zehn Ratten, vier Spinnen und zwei Kakerlaken.
„Wozu brauchen Sie die denn?", wundert sich der Verkäufer.
„Ich habe meine Wohnung gekündigt und muss sie so verlassen, wie ich sie bezogen habe."

Zwei Löwen haben ein Zebra gerissen und streiten sich um die Beute.
„Weißt du, was", schlägt der eine Löwe dem anderen vor, „nimm du das Innere, ich behalte den Schlafanzug!"

Kommt ein kleines Mädchen in die Zoohandlung.
Sie lächelt den Zoohändler an und sagt: „Ich
würde gern ein Kaninchen kaufen."
Sagt der Zoohändler: „Möchtest du lieber dieses
kleine braune mit den großen Augen oder dieses
flauschige weiße?"
„Ich denke, das ist meiner Schlange egal ..."

Im Zoo ist ein Arbeitsplatz frei. Gesucht wird ein
Wärter für besonders giftige Schlangen. Friedhelm
meldet sich.
„Tut mir schrecklich leid", sagt der überaus
freundliche Direktor, „vor fünf Minuten haben
wir bereits jemanden eingestellt. Aber wenn Sie
morgen wieder vorbeischauen möchten, ist die Stelle
bestimmt wieder frei ..."

Ein Hai namens Jan löst Kreuzworträtsel.
Er ist schon relativ weit, kommt aber an einer
Stelle nicht weiter. Da kommt ein Krake vorbei
und der Hai ruft: „Los, Kraki, nenn mir ein
Meeresraubtier mit drei Buchstaben!"
Darauf der Krake: „Denk doch mal an dich selbst!"
Der Hai schlägt sich mit der Flosse vor den Kopf:
„Ach soooo, Jan!"

Eine Zebramutter unterrichtet ihren Sohn über die Gefahren der Umgebung. „Was machst du, wenn du einen Leoparden siehst?", fragt die Mutter.
„Dann laufe ich schnell weg", antwortet der Sohn.
„Und wenn ein Fluss im Weg ist?"
„Dann springe ich über den Fluss und laufe weiter!"
„Und wenn der Fluss zu breit ist, um darüber zu springen?"
Da fragt das Zebrakind: „Sag mal, Mama, zu wem hältst du eigentlich? Zu mir oder dem Leoparden?"

Zwei Tyrannosaurier unterhalten sich.
„Warum haben wir so scharfe Zähne?", fragt der eine.
„Damit wir gut Beute machen können", sagt der andere.
„Und warum haben wir so kräftige Beine?"
„Damit wir schnell laufen können."
„Und warum sind wir dann trotzdem im Museum gelandet?"

Ein durstiger Löwe läuft durch eine sehr trockene Gegend. Da trifft er einen Artgenossen und fragt: „Wo ist denn hier das nächste Wasserloch?"
„Ganz einfach", antwortet der andere, „immer geradeaus und nach einer Woche biegst du links ab."

Die Hyänenmutter ist mit ihren Kindern am Wasserloch. Alle nehmen einen großen Schluck. Plötzlich fangen die Kleinen an zu prusten. Fragt die Mutter: „Habt ihr euch etwa verschluckt?"
„Nein, nein, Mama", beruhigen die Kleinen sie, „wir sind alle noch da!"

Die Lehrerin fragt: „Warum können Haie nicht sprechen?"
Fragt Max: „Können Sie denn sprechen, wenn Sie den Kopf unter Wasser haben?"

„Vorsicht", sagt die Forelle zu ihrem Kind, als sie einen dicken Wurm entdeckt. „Wenn dir so ein Brocken vor die Nase fällt, ist ganz sicher irgendein Haken dabei!"

„Können Sie mir sagen, wie ich ganz schnell ins Dino-Museum komme?"
„Ach, da müssen Sie sich nicht so beeilen, die bewegen sich eh nicht mehr vom Fleck."

Erkältet sich ein Brontosaurus, wenn er länger in eiskaltem Wasser steht?
Wahrscheinlich schon, aber es dauert eine Woche, bis ihm die Nase läuft.

Fragt ein Hering den anderen: „Leihst du mir mal deinen Kamm?"
„Igitt! Bei den Schuppen, die du hast?"

Paul und Lara stehen im Museum vor einem riesigen Dinosaurierskelett.

Paul: „Was der Brachiosaurus wohl zu uns sagen würde, wenn er reden könnte?"

Lara: „Vermutlich würde er jetzt zu dir sagen, dass er ein Gigantosaurus ist!"

Eine Riesenschlange und ein Kaninchen gehen in ein Restaurant.

„Zarte junge Karotten, bitte!", bestellt das Kaninchen. Der Kellner schreibt die Bestellung auf und wendet sich an die Riesenschlange: „Und was darf es für Sie sein?"

Da sagt das Kaninchen empört: „Ich bitte Sie! Wenn sie nicht schon gegessen hätte, säßen wir beide nicht hier!"

Fritzchen besucht mit seinem Vater das Aquarium im Zoo. Als sie vor den Piranhas stehen, sagt ein kleiner Piranha: „Igitt, sind die da gruselig!"

Da mahnt die Piranhamutter: „Ja, stimmt! Und vorsichtig musst du auch sein, das sind fischfressende Menschen!"

Führung im Zoo. „Und hier, meine Herrschaften, sehen Sie eine Riesenschlange. Sie ist imstande, bei einer Mahlzeit ein ganzes Schwein zu verschlingen. Bitte, mein Herr, gehen Sie nicht so nah heran!"

„Stell dich nicht so an!", sagte der Igel und küsste die Klobürste.

„Herr Direktor, unser Löwe kann plötzlich sprechen!", ruft ein Zirkusartist erstaunt.
„Verdammt", ruft der Zirkusdirektor, „und ich suche seit Stunden den Dompteur!"

Treffen sich zwei Haie. Sagt der eine: „Was hast du denn da mitgebracht?"
Sagt der andere: „Das ist eine Plastikhand. Wenn ich die aus dem Wasser halte, kommen bestimmt ein paar Menschen!"

ALLE KINDER ...

Alle Kinder springen durch den Reifen.
Nur nicht Nick, der ist zu dick.

Alle Kinder lieben Emma.
Nur nicht Doris, die liebt Boris.

Alle Kinder essen Schnitzel.
Nur nicht Susanne, die liegt in der Pfanne.

Alle Kinder bleiben am Abgrund stehen.
Nur nicht Peter, der geht noch 'nen Meter.

Alle Kinder haben weiches Haar.
Nur nicht Thorsten, der hat Borsten.

Alle Kinder schauen dem Löwen beim Fressen zu.
Nur nicht Jutta, die ist das Futter.

Alle Kinder tanzen ums Feuer.
Nur nicht Brigitte, die steht in der Mitte.

Alle Kinder gehen über die Baustelle.
Nur nicht Jan, der hängt am Kran.

Alle verirrten Kinder werden gerettet.
Nur nicht Marie, die finden sie nie.

Alle Kinder sausen die Piste runter.
Nur nicht Maria, die fällt auf die Skier.

Alle Kinder riechen gut.
Nur nicht Theo, der sucht noch sein Deo.

Alle Kinder laufen sehr schnell.
Nur nicht Markus, der hat 'nen Plattfuß.

Alle Kinder bremsen vor dem hungrigen Wolf.
Nur nicht Jan, der geht zu nah ran.

Alle Kinder laufen ins Ziel.
Nur nicht Milan, der kommt nie an.

Alle Kinder schauen auf das brennende Haus.
Nur nicht Klaus, der schaut raus.

Allen Kindern schmeckt die Bratwurst.
Nur nicht Jürgen, der muss würgen.

Alle Kinder essen das Gulasch.
Nur nicht Gerd, der mag kein Pferd.

Alle Kinder fahren Eisenbahn.
Nur nicht Sabine, die liegt auf der Schiene.

Alle Kinder helfen beim Tischdecken.
Nur nicht Jochen, den wollen sie kochen.

Alle Kinder schaffen es über die Straße.
Nur nicht Jens, der klebt am Benz.

147

Alle Kinder essen Wurst aufs Brot.
Nur nicht Ronny, der mag kein Pony.

Allen Kindern steht das Wasser bis zum Hals.
Nur nicht Heiner, denn der ist kleiner.

Alle Kinder tragen ihre Tasche selbst.
Nur nicht Katharina, die hat 'nen Diener.

Alle Kinder laufen nach Rom.
Nur nicht Lisa, die läuft nach Pisa.

Alle Kinder springen über die Hürde.
Nur nicht Finn, der fällt hin.

Alle Kinder essen ordentlich.
Nur nicht Nicole, die kleckert sich voll.

Alle Kinder essen eine Erbse.
Nur nicht Simone, die isst 'ne Bohne.

Alle Mädchen küssen einen Jungen.
Nur nicht Jana, die küsst ein Lama.

Alle Kinder essen Erbsen,
nur nicht Björn, der mag nur Möhr'n.

Alle Mädchen werden geärgert.
Nur nicht Agathe, die kann Karate.

Alle Kinder haben Angst im Dunkeln.
Nur nicht Walter, der sitzt am Schalter.

Alle Kinder wandern über den Gletscher.
Nur nicht Malte, der fällt in die Spalte.

Alle Kinder beobachten die Cowboys.
Nur nicht Hasso, der hängt im Lasso.

Alle Kinder schauen in die Schlucht.
Nur nicht Hein, der fällt rein.

Alle Kinder bekommen ein Eis.
Nur nicht Heinz, der kriegt keins.

Alle Kinder werfen sich Bälle zu.
Nur nicht Atze, der wirft die Katze.

Alle Kinder finden den Weg nach Hause.
Nur nicht Doreen, die kann nix sehn.

Alle Kinder lächeln in die Kamera.
Nur nicht Ute, die zieht 'ne Schnute.

Alle Kinder schnitzen ein Boot.
Nur nicht Vanessa, die fällt ins Messer.

Alle Kinder halten sich an die Regeln.
Nur nicht Mareike, die sagt: „Ich streike!"

Alle Kinder reisen nach Japan.
Nur nicht Sina, die fährt nach China.

Alle Kinder spielen mit dem Messer.
Nur nicht Hagen, der hat es im Magen.

Alle Kinder springen ins Meer.
Nur nicht Cliff, der hängt am Riff.

Alle Kinder bekommen Geschenke.
Nur nicht Ute, die bekommt die Rute.

Alle Kinder sind weich gefallen.
Nur nicht John, der fiel auf Beton.

Alle Kinder sind kerngesund.
Nur nicht Ruth, die spuckt Blut.

Alle Kinder stehen an Deck des Schiffes.
Nur nicht Lena, die hockt im Container.

Alle Kinder haben es verstanden.
Nur nicht Sepp, der ist ein Depp.

Alle Kinder spielen im Sand.
Nur nicht Kain, den gruben sie ein.

Alle Kinder essen ein Eis.
Nur nicht Konstanze, die isst 'ne Wanze.

Alle Kinder bleiben am Abgrund stehen.
Nur nicht Susann, die hält nicht an.

Alle Kinder kriechen durch den Tunnel.
Nur nicht Monique, die ist zu dick.

Alle Kinder bleiben trotz Regen trocken.
Nur nicht Mario, der sitzt im Cabrio.

Alle Kinder sind pünktlich da.
Nur nicht Mohammed, der kommt zu spät.

Alle Kinder spielen auf der Straße.
Nur nicht Rolf, der klebt am Golf.

Alle Kinder springen auf die weiche Matte.
Nur nicht Berta, die landet härter.

Alle Kinder schlafen im Bett.
Nur nicht Frank, der schläft auf der Bank.

Alle Kinder machen eine Radtour.
Nur nicht Susanne, die hat 'ne Panne.

Alle Kinder gehen in die Sauna.
Nur nicht Steve, der mag den Mief.

Alle Kinder bekommen eine Schwimmweste.
Nur nicht Bianca, die kriegt den Anker.

Alle Kinder rennen durch das Tor.
Nur nicht Britta, die rennt gegen das Gitter.

Alle Kinder mögen die Hai-Show.
Nur nicht Annegret, die im Becken steht.

Alle Kinder bekommen süße Kätzchen.
Nur nicht Linda, die kriegt Rinder.

Alle Kinder lachen ganz laut.
Nur nicht Sören, der will nicht stören.

Alle Kinder laufen auf Stelzen.
Nur nicht Lutz, der fällt in den Schmutz.

Alle Kinder spielen Fußball.
Nur nicht Dennis, der spielt Tennis.

Alle Kinder gehen über die Straße.
Nur nicht Ingo, der hängt im Twingo.

Alle Kinder konnten vor dem Bären flüchten.
Nur nicht Tim, der fiel hin.

Alle Kinder kaufen sich was Schönes,
nur nicht Maren, die muss sparen.

Alle Kinder schlittern über das Eis.
Nur nicht Vera, die war schwerer.

Alle Jungs werden geärgert.
Nur nicht Udo, der kann Judo.

Alle Kinder stehen auf der Straße.
Nur nicht Uli, der sitzt im Gully.

Alle Kinder stehen auf dem Kirchturm.
Nur nicht Gunter, der fällt runter.

Alle Kinder essen Äpfel.
Nur nicht Marlene, der fehlen die Zähne.

Alle Kinder machen ins Klo.
Nur nicht Luise, die macht auf die Wiese.

Alle Kinder bleiben am Abhang stehen.
Nur nicht Britt, die macht noch 'nen Schritt.

Alle Kinder springen über das Messer.
Nur nicht Inge, die fällt in die Klinge.

Alle Kinder haben Freunde.
Nur nicht Ilse, keiner willse.

Alle Kinder singen ein Lied.
Nur nicht Ellen, die kann nur bellen.

Alle Kinder sitzen brav auf dem Stuhl.
Nur nicht Hilde, die ist 'ne Wilde.

Alle Kinder sitzen im Hubschrauber.
Nur nicht Hella, die hängt im Propeller.

Alle Kinder essen ein Butterbrot.
Nur nicht Grete, die isst Knete.

Alle Kinder stoppen vor dem Misthaufen.
Nur nicht Marcel, der ist zu schnell.

Alle Kinder haben den Donner gehört.
Nur nicht Fritz, den traf der Blitz.

Alle Kinder bekommen Halsschmerzen.
Nur nicht Karl, der hat 'nen Schal.

Alle Kinder spielen Ritter.
Nur nicht Gerd, der ist das Pferd.

Alle Kinder haben Grippe.
Nur nicht Petra, die hat Lepra.

Alle Kinder gehen zum Friedhof.
Außer Hagen, der wird getragen.

Alle Kinder müssen zum Frisör.
Nur nicht Matze, der hat 'ne Glatze.

Alle Kinder halten Abstand zum hungrigen Wolf.
Nur nicht Andrea, die geht etwas näher.

Alle Kinder spielen Karten.
Nur nicht Otto, der spielt Lotto.

Alle Kinder lesen die Buchstaben.
Nur nicht Sibylle, die braucht 'ne Brille.

Alle Kinder reiten auf dem Drachen.
Nur nicht Franz, der hängt am Schwanz.

Alle Kinder haben die Hausaufgaben fertig.
Nur nicht Johann, der fängt noch mal neu an.

Alle Kinder reisen nach Thailand.
Nur nicht Ali, der fährt nach Bali.

Alle Kinder kommen wieder aus dem See heraus.
Nur nicht Anja, die fraß ein Piranha.

Alle Kinder bekommen schöne Briefe.
Nur nicht Max, der kriegt ein Fax.

Alle Kinder essen Pommes.
Nur nicht Jockel, der isst 'nen Gockel.

Alle Kinder essen Honig.
Nur nicht Fine, die isst die Biene.

Alle Kinder essen Kuchen.
Nur nicht Lars, der isst Gras.

Alle Kinder fahren Fahrrad.
Nur nicht Edgar, der fährt Kettcar.

Alle Kinder fahren Schlitten.
Nur nicht René, der sitzt im Schnee.

Alle Kinder fangen Fische.
Nur nicht Lotte, die fängt 'ne Motte.

Alle Kinder kommen aus dem Meer.
Nur nicht Kalle, der klebt an 'ner Qualle.

Alle Kinder haben eine Rose.
Nur nicht Elke, die hat 'ne Nelke.

Alle Kinder haben Angst vor Schlägen.
Nur nicht Kathi, die schlägt Vati.

Alle Kinder gehen gern zur Schule.
Nur nicht Hektor, der ist der Rektor.

Alle Kinder essen Joghurt.
Nur nicht Mark, der isst Quark.

Alle Kinder hüpfen über den Zaun.
Nur nicht Hildegard, die hängt im Stacheldraht.

Alle Kinder schauen fern.
Nur nicht Timo, der geht ins Kino.

NEULICH BEIM ARZT

„Konnten Sie nicht früher kommen?", fragt der Arzt
vorwurfsvoll. „Die Sprechstunde ist gerade beendet."
„Tut mir aufrichtig leid", erwidert der Patient. „Aber
der Hund hat mich nicht früher gebissen."

Der Arzt schimpft: „Also, Herr Döspaddel, Sie sind
ja schon wieder betrunken, habe ich Ihnen nicht
gesagt, Sie dürfen nur eine Flasche Bier pro Tag
trinken?"
Antwortet Herr Döspaddel: „Glauben Sie denn, Sie
sind der einzige Arzt, zu dem ich gehe?"

Im Flugzeug gibt es eine Durchsage des Piloten:
„Wenn sich ein Arzt an Bord befindet, soll er ins
Cockpit kommen!"
Ein Mann steht auf und geht nach vorne.
Nach wenigen Minuten ertönt die Stimme des Arztes
aus den Lautsprechern: „Wenn sich ein Pilot an Bord
befindet, soll er nach vorne kommen!"

Frau Miefenpief humpelt zur Ärztin und
jammert: „Mein Hund hat mich gebissen."
Fragt die Ärztin: „Haben Sie was draufgetan?"
„Nein, es hat ihm auch so geschmeckt!"

„Nur keine Panik", beruhigt der Arzt den Patienten.
„Wir haben diese Operation schon 30-mal gemacht.
Einmal muss sie ja klappen!"

Der Arzt erklärt dem Patienten: „Okay, schauen
wir mal in unserem schlauen Buch nach:
... grüner Daumen – muss amputiert werden ...
... lila Daumen – muss amputiert werden ...
... blau gestreifter Daumen – muss auch
amputiert werden ...
... ahh, da haben wir's: silberner Daumen – muss
nicht amputiert werden ..."
Der Patient ruft dazwischen: „Gott sei Dank!"
Der Arzt fährt fort: „... fällt von selbst ab!"

„Jetzt sag ich's Ihnen zum letzten Mal", brüllt der
Arzt die Krankenschwester an, „wenn Sie einen
Totenschein ausfüllen, dann schreiben Sie unter
Todesursache den Namen der Krankheit und nicht
den des behandelnden Arztes!"

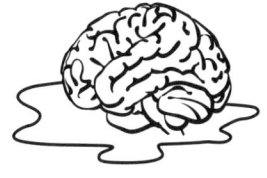

Festliches Konzert. Während die Musik spielt, springt in der letzten Reihe jemand auf und ruft: „Ist ein Arzt hier im Saal?"

Der Dirigent erstarrt, das Orchester kommt fast aus dem Takt.

„Ist ein Arzt im Saal?", wiederholt der Mann aus der letzten Reihe. Niemand meldet sich.

„Ist hier denn wirklich kein Arzt im Saal?", fragt der Störer noch mal. Dirigent und Orchester sind nun vollends irritiert.

Schließlich steht ein Herr in der ersten Reihe auf, dreht sich um und ruft sichtlich verärgert: „Ich bin Arzt, was ist denn?"

Da sagt der Mann aus der letzten Reihe: „Ist das nicht ein herrliches Konzert, Herr Kollege?"

Sagt die Ärztin zum Patienten: „Herr Knüttelrütt, Ihr Husten hört sich aber schon viel besser an."
„Kein Wunder, ich übe ja auch Tag und Nacht!"

„Die Schmerzen in Ihrem linken Bein sind altersbedingt", sagt der Arzt zum Patienten.
„Das kann nicht sein! Mein rechtes Bein ist genauso alt und tut nicht weh!"

Der Patient sagt zum Arzt: „Herr Doktor, ich bin so wahnsinnig aufgeregt. Das wird meine erste Operation!"
Daraufhin meint der Arzt: „Mir geht es genauso."

Kommt ein Mann mit einen Frosch auf dem Kopf zum Arzt.
Fragt der Arzt: „Was ist denn mit Ihnen passiert?"
„Ach", sagt der Frosch: „Ich weiß auch nicht, wo ich mir den eingetreten habe."

Ein Krankenpfleger fragt den Patienten: „Warum rennen Sie aus dem OP-Saal hinaus?"
Antwortet der Patient: „Die Schwester hat gesagt: ‚Regen Sie sich nicht so auf, das ist nur eine einfache Blinddarmoperation. Sie werden es schon schaffen!'"
Fragt der Krankenpfleger: „Und was ist daran schlimm?"
Patient: „Sie hat es nicht zu mir gesagt, sondern zu dem Chirurgen ..."

Fragt ein Mann aufgeregt seine Hausärztin:
„Frau Doktor, ich habe andauernd
Kopfschmerzen, Ohrensausen, Rückenschmerzen,
Wadenkrämpfe, Seitenstechen, Augenflimmern,
Husten, Hexenschuss, Schwindelanfälle,
Schweißausbrüche, Atemnot und Schüttelfrost ...
was fehlt mir denn bloß?"
Die Ärztin schaut ihn über den Brillenrand an und
meint: „Wieso glauben Sie, dass Ihnen noch etwas
fehlt? Sie haben doch schon alles!"

„Was Ihre Frau jetzt braucht, ist absolute Ruhe",
erklärt der Arzt dem Ehemann. „Ich verschreibe Ihnen
eine Packung sehr starker Schlaftabletten, davon
nehmen Sie bitte jeden Abend eine!"

Was macht Pinocchio, wenn er erkältet ist?
Er geht zum Holz-Nasen-Ohrenarzt!

Der Landarzt rast viel zu schnell mit seinem Auto
durchs Dorf.
Seine Frau: „Nicht so schnell, Schatzi, wenn uns jetzt
der Polizist sieht."
„Keine Angst, mein Schatz, dem habe ich gestern eine
Woche Bettruhe verschrieben ..."

„Herr Doktor, mir wird ständig gelb und rot vor Augen", klagt der Fußballer.
Darauf sagt der Arzt: „Vielleicht sollten Sie mal den Schiedsrichter wechseln!"

Ein Patient geht zum Arzt und erzählt: „Beim Kaffeetrinken habe ich immer Schmerzen im linken Auge."
Antwortet der Doktor: „Vielleicht sollten Sie beim nächsten Mal den Löffel aus der Tasse nehmen."

„Herr Doktor, können Sie mir helfen?"
„Sie machen jetzt zunächst zweimal pro Woche ein Moorbad. Hier ist das Rezept!"
„Und das Baden im Schlamm kann mir wirklich helfen?"
„Nein, aber Sie gewöhnen sich schon mal an die feuchte Erde ..."

Frau Knallkopp sitzt mit verbrannten Ohren in der Notaufnahme.
Der Arzt fragt sie: „Wie haben Sie das denn gemacht?"
„Ich habe gebügelt, als das Telefon geklingelt hat. Und ich war so in Gedanken, dass ich aus Versehen das Bügeleisen ans Ohr gedrückt habe."
„Aber wieso haben Sie sich dann auch das andere Ohr verbrannt?"
„Ich musste ja noch den Notarzt anrufen!"

Die Sprechstundenhilfe kommt ins überfüllte Wartezimmer: „Wo ist denn der Herr, der einen Verband wollte?"
„Der ist wieder gegangen, die Wunde war inzwischen verheilt!"

„Frau Doktor, wenn ich auf den Kopf drücke, tut's weh, wenn ich aufs Bein drücke, tut's weh, wenn ich auf den Bauch drücke, tut's weh, und wenn ich auf den Arm drücke, tut's auch weh."
„Tja, da haben Sie sich wohl den Finger gebrochen."

Sagt der Chefarzt zum jungen Chirurgen: „Nur der Blinddarm muss raus, alles andere tun Sie jetzt schnell wieder rein!"

Sagt der Doktor zum Patienten: „Ich habe eine gute und eine schlechte Nachricht für Sie, welche wollen Sie zuerst hören?"
„Die gute Nachricht!"
„Also - Sie haben noch zwei Tage zu leben."
„Oje! Und die schlechte?"
„Ich versuch Sie schon seit vorgestern zu erreichen!"

Patient: „Frau Doktor, ich verliere langsam das Gedächnis!"
Ärztin: „Seit wann?"
Patient: „Seit wann was?"

„Herr Doktor, wohin bringen Sie mich denn?"
„Ins Leichenschauhaus."
„Aber ich bin doch noch gar nicht tot!"
„Wir sind ja auch noch nicht da ..."

„Ihr Puls, mein Herr, ist ziemlich langsam."
„Das macht nichts, Herr Doktor, ich habe Zeit."

978-3-649-63454-6

978-3-649-63455-3